终极求职系列

终极能力测试

1000多个考题练习与能力测试的全方位指南

[英] 吉姆·巴雷特（Jim Barrett）
汤姆·巴雷特（Tom Barrett）著

王家鑫 译

中信出版集团 | 北京

图书在版编目（CIP）数据

终极能力测试：1000 多个考题练习与能力测试的全方位指南 /（英）吉姆·巴雷特,（英）汤姆·巴雷特著；王家鑫译. -- 北京：中信出版社，2020.6
（终极求职系列）
书名原文：Ultimate Aptitude Tests: Over 1000 Practice Questions for Abstract Visual, Numerical, Verbal, Physical, Spatial and Systems Tests
ISBN 978-7-5217-1636-8

Ⅰ. ①终… Ⅱ. ①吉… ②汤… ③王… Ⅲ. ①职业选择－能力倾向测验－指南 Ⅳ. ① C913.2-62

中国版本图书馆 CIP 数据核字（2020）第 032907 号

终极能力测试——1000 多个考题练习与能力测试的全方位指南
（终极求职系列）

著　　者：[英] 吉姆·巴雷特　[英] 汤姆·巴雷特
译　　者：王家鑫
出版发行：中信出版集团股份有限公司
（北京市朝阳区惠新东街甲 4 号富盛大厦 2 座　邮编　100029）
承 印 者：中国电影出版社印刷厂

开　　本：880mm×1230mm　1/32　　印　　张：8.25　　字　　数：130 千字
版　　次：2020 年 6 月第 1 版　　印　　次：2020 年 6 月第 1 次印刷
京权图字：01－2019－5080　　广告经营许可证：京朝工商广字第 8087 号
书　　号：ISBN 978－7－5217－1636－8
定　　价：42.00 元

目　录

第三部分　抽象语言测试

第四部分　物理测试

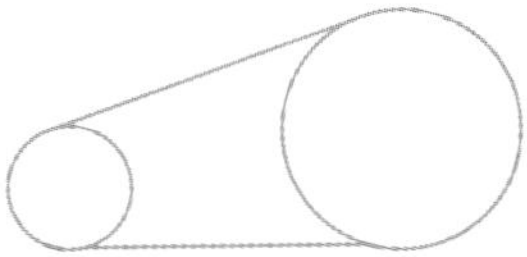

第五部分 空间测试

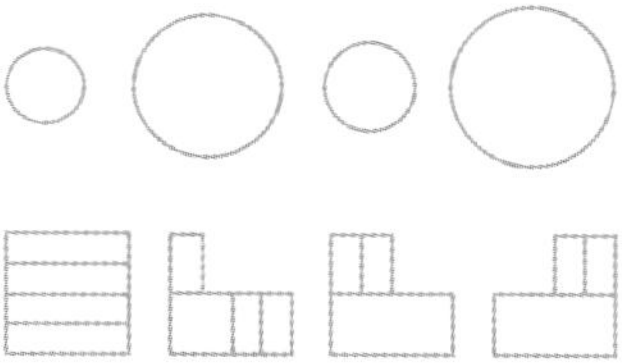

第六部分 实用数值测试

第七部分　系统测试

a B A b

A = 1

第八部分　实用语言测试

ed ing

one

letter

引 言

本书讨论的能力测试范围广泛，涵盖了许多在真实情况下评估和选择人才的测试类型。这些测试适用于中学生、大学生以及从业人员。

何为能力测试

能力测试旨在衡量一个人在某一方面拥有的才智并评估这种才智水平的高低。正如本书中展示的测试一样，我们可以通过设计科学的方法来确保能力测试结果的合理性，并且将不同的结果进行准确比较。随后，你便可以对自己可能具有哪些方面的能力进行预估。如果测试不具备预测能力，显然你就没有必要使用它了。

何时使用能力测试以及为何使用它们

组织机构使用测试从组织外部以及内部挑选员工已经变得越来越常见。你可能会疑虑：一个人的能力和特点在组织内部已经众所周知，为什么还需用测试来挑选？以下是使用能力测试的一些优点：

- 使人们意识到自己在目前工作岗位上进一步发展的潜力。
- 可以用来评估员工是否满足同一组织机构内不同的职能要求。

- 在与外部申请者产生竞争时可以有意识地进行“市场测试”，即确保内部工作人员的素质同其他潜在的竞争对手或组织机构内工作人员的素质相当。
- 可以作为验证公司培训项目是否有效的一种方法。
- 可用于职业指导和咨询。

为何可以使用能力测试进行评估

能力测试同其他任何可以提高生产效率的工具一样。组织机构在选择或培养人才方面存在着巨大风险，因为他们可能并不适合某项工作，而错误的就业安排可能会造成巨大的财务损失。

测试可以帮助组织机构实现许多目标，而最终目的则是从工作人员身上获得最大的收益，例如：

- 招聘最有能力的学生和员工并进一步培养他们的能力，以实现人尽其才、才尽其用。
- 可以减少员工的离职风险，因为尽可能地培养员工和帮助他们扩展自己的能力将具有重大意义。
- 可以主动发掘员工不自知的内在潜力。
- 可以制定相关的培训项目。测试可以检验培训效果，也可以帮助我们确定培训是否直接针对的是最可能从中获益的人群。
- 使用这些测试可以提高员工的满意度，因为测试虽然并非判断员工当前工作表现好坏的标准，但它可以用来揭示其可能的发展机遇。

因此，恰当地使用能力测试，对于组织机构来说，有百利而无一害。

组织机构会重视任何可以降低成本和增加成功概率的方法，它们为此研究了大量的方法，包括笔记学和占星术，但只有心理测试法能够摒弃任何主观臆测和玄学而始终保持准确性。

测试的准确度如何

预测效度仅仅反映出某种测试、断言或预测的准确度。尺度常用来测量高度、长度和宽度范围，而能力测试使用的尺度则是用来测试效度范围的。

如果预测的准确性为50%，那么其效度则为0，这与“掷硬币”得到正面或反面的效度相同。如果每次掷硬币你都可以准确地预测出硬币落地后是正面还是反面，那么你的预测便是完美而准确的，在这种情况下，其效度则为100%。

任何非偶然性的测试或预测都能派上用场，因此我们咨询那些我们认为聪明的人，因为他们以前做过此类测试，而我们希望可以通过他们的建议来提升我们做出更好选择的概率。但咨询“聪明人”有一个问题：他们的建议不具有科学性，他们的技能仅限于其自身的经验。

做出完美的预测着实不易，在某些科技和工业行业中更是如此，但当我们得知这一消息时，我们还是会感到震惊。比如，飞机不会坠毁的预测效度接近100%。对飞机安全飞行的预测必须接近完美，因为如果我们得知飞机有可能会坠毁，我们就不可能去乘坐。其实，此领域的预测效度已经高到大多数人都可以将安全顾虑抛于脑后。然而，不幸的是，飞机坠毁事件时有发生，这提醒着我们要学会接受这个世界的不完美。

对人们的表现进行预测非常复杂，比预测机器运转要困难许多。因此，基于测试结果所做出的预测经常远远无法达到100%的准确度，即使这些测试题已经被人们进行了深入的研究。原因可能有两点：一是测试本身的问题，比如实施评价会天然地破坏其预测价值；二是接受测试的人或物可能存在多种问题，他们不同的社会背景和情绪状况都可能会改变测试的准确度。

在各种甄选方法中，运用笔记学、占星学以及类似方法挑选员工，从本质上讲和随机挑选没什么区别。尽管有些组织机构已经聘请了声称有特殊洞察力或预言能力的人来帮忙甄选工作人员，但他们的成功可能更多取决于作为面试官的直觉而非有效的预测方法。相比之下，能力测试：

- 是一种有效收集信息的方式。
- 是客观的，除此之外我们很难通过其他方式获取信息，如果面试问题为“你的数学水平怎么样？”，那么你的考试成绩便可以准确地将其反映出来。
- 是可用来做对比的，相关群体中的个人可以直接用其做对比。
- 与其他甄选方法相比，可以更好地预测多种工作的成果和人们的满意度。

测试测量的是什么

本书使用的心理测试具有多种优点，它能评估个人在10个重要领域中的抽象以及实际才智能力。它们具备多样性，可以预测个人的潜在能力以及其现阶段可以达到的成就。由于测试针对的是相同的人群，所以你可以对自己在某项测试中的表现进行预估，看看会比其他人做得更好还是更糟。

很明显，人们的确有可能因为资质超常而在某一方面的学习或工作中表现得优于其他方面。这可以解释我们所观察到的人们的才能的多样性，帮助我们了解自己的优缺点。

大多数人都清楚自己的优缺点，但往往也会高估或低估自己。有时他们并没有机会去运用一种特定的能力，这导致他们未能意识到自己体内隐藏着这种能力。由于不信任传统测验结果，或者出于各种原因认为那些结果不恰当，组织机构也会用测试题挑选出在它们看来拥有重要品质的人员。

应当铭记的是，由于我们经常以自己的经验来评价别人，因此我们便时常会用到各种测试，而这些判断的准确度有待商榷。尽管一切事物都没有定数，但这些测试仍可以帮助我们做出更多正确的判断。

心理测试可以用来推断概率，例如某一特定事件发生的概率小于1%或1‰等。这就是统计和人类潜能的本质——我们总是以概率而非确定性来处理事情。

因此，在使用测试时，我们应当尝试估计一下自己对测试有多大的把握。如某人未能通过某个级别的测试，这并不意味着他不能胜任某项工作。那么，一个人成功或失败的可能性有多大呢？如果获得特定分数的人只有5%的概率会成功，组织机构就有充分的理由将这份工作交给那些拥有95%成功概率的人。

“能力”与“才能”有何不同

我们不能混淆能力与才能。人们目前所拥有的技能和素质并非能力，能力是“潜在的”，目前尚未实现，它像是一种天生的智慧。许多测试能够同时测出人的才能和能力——能够理解测试究竟考查什么样的能力，以及能够在没有任何经验的情况下完成某项任务的能力。

只有当测试者拥有足够的机会去发展相同的才能时，能力衡量才是合理之举。例如，如果所有候选人都以英语为母语，那么对某一不太懂英语的候选人进行英语词汇测试就会显得毫无意义。另外，在某些需要了解申请者英语水平的地方，比如在英语教学工作中，这一测试就变得不可或缺。

如果人们事先并未对才能做出要求，而且测试者想要看看自己能够被充分利用的潜能，测试就会更抽象，比如减少对词汇或数字技能的要求。这样的能力测试就可以挖掘到测试者除现有技能之外的潜在能力。

总之，能力测试具有以下功能：

- 以相似的方式研究每个人的潜力。测试尝试让所有人都处于“平等的竞争地位”。即使在现实生活中此设想可能永远都不会实现，但对于我们来说，努力尝试带来的回报也是有益的。
- 它也是一种试图将其他变量干扰的因素排除在外的评估方法，这些变量通常会影响、损害或扭曲事物的客观性，引发教育偏见。
- 作为一种方法，它可以确保人们有机会展示自己的才智。

- 它可以检测出人们是否拥有不自知的潜力。通常情况下，潜力的发掘可以让人们产生新的兴趣或实现更充分的个人价值。

比较自己在不同测试中的能力

只有在与他人的比较中，我们才能看出一个人的能力。所以，本书通过标准程序设计出的测试题将尽可能地把你和他人进行比较。否则，你就无法肯定地说自己在语言方面的能力强过在数字方面的能力。

同时，你还必须确保自己满足某些条件，以便可以准确地进行测试，并为自己提供与他人同样的机会。虽然这根本不可能，因为测试时没有任何两个人可以处于完全相同的情况，而且有太多身体、社会以及心理变量的影响因素。但是，你必须尽可能地排除不利因素。例如，请确保你：

- 没有分心。
- 处于舒适的状态。
- 准备充分。
- 明确操作指示。
- 准确计时。
- 拥有必要的外部资源。
- 接受与他人相同的待遇。

由于人们无法消除这么多变量的影响，我们可以肯定，在相同测试中每个人所处的情况必然是独一无二的，但你必须尽力而为。

你可以考虑减少许多对自己不利的重要变量的出现，例如昏暗的光线、狭小的空间、骇人的恫吓等，但你无法考虑全面。因此，你应当提前对测试进行准备，处理那些可能会分散自己注意力的事物，并且确保自己已经准备好测试所需的一切。

解读测试结果

合理解读测试结果是专家的职责，他们了解测试应当怎样进行，了解测试本身，了解测试分数所反映的问题，并且充分利用过测试题目。本书旨在帮助你正确地使用测试，并且获得有意义的结果。测试目的说明会放在每一部分测试之前。你可以在本书最后找到帮助你计算智商分数的操作指示和一张表格，然后利用这些信息深入了解自己的智力优势并合理运用这些优势。

第一部分

抽象视觉测试

本部分中的三项测试长期以来被人们看作是衡量基础智力（个人所拥有的与生俱来的才能）最“纯粹”的方法，这是因为这些测试极少需要依赖先前的学习或技巧。特别是，完成这些测试不需要经过任何语言处理或数字运算的过程。因此，它们可以成为一种很好的指标，用以反映一个人的受教育程度能否与这些测试所示的个人潜力水平相匹配。如果两者不匹配，那么我们通常可以通过补救措施或培训项目来提高个人表现能力，以达到基础智力测试所示的水平。

测试1，结构测试。这项测试衡量一个人从不同角度、不同方面以及使用不同方式看待事物的能力。可以这样说，这些能力与那些对智力灵活性和思考深度有要求的行业密切相关。由于一些未知的原因，拥有这类能力的人通常善于解决社会问题，因为它们是事实类问题。

测试2，序列测试。这项测试没有结构测试中的多维元素，而更加注重线性的逻辑方法。你需要高度集中注意力，顺着线索找到最终答案。如同本部分中的其他测试，序列测试的要求很高，它所反映出的是人们一种长远意义上的潜力，这种潜力可能在年轻人中并不明显，但在成年人身上得以显现。

测试3，知觉测试。这项测试需要你通过演绎推理的方法解决问题，要求你能够了解情况并且可以处理当中的重要线索，最终得出结论。擅长这项测试的人通常偏向科学领域的探究（包括社会科学），其原因可能在于解决科学问题突出表现了他们处理相关联的抽象信息的能力。

第1章
结构测试

此测试需要你想象出将一个平面图折叠后变成立方体（或盒子）的样貌。你在每道题中都会看到一个未折叠的立方体的平面图，你的任务就是在头脑中将它折叠起来。例如：

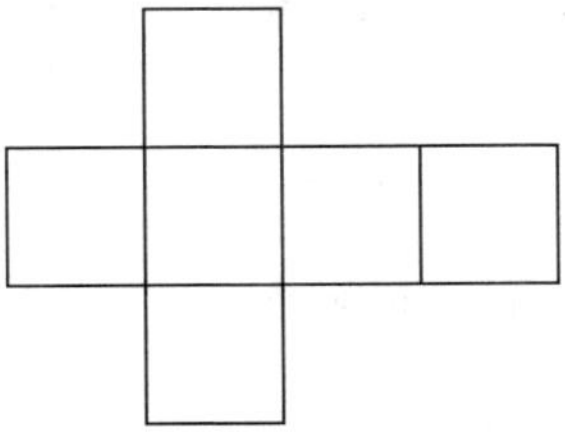

变为：

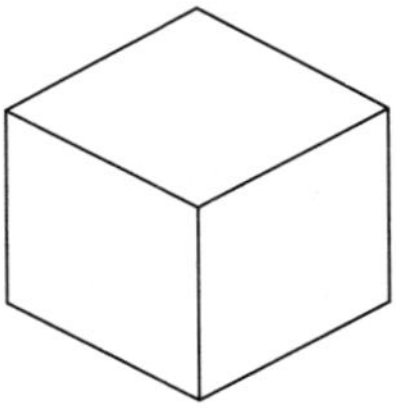

每一个平面图的右侧都有4个立方体。你如果认为其中某一立方体是由左侧平面图折叠而成的，就在这个立方体下面的方框中写“Y”（代表“是”）或打钩，否则就写“N”（代表“否”）或画叉。如果要更改答案，请先用橡皮擦除原答案，再清晰地写下自己的答案。示例1和示例2将为你展示如何作答。如果本书非你个人所有，请在其他纸张上作答。

示例1

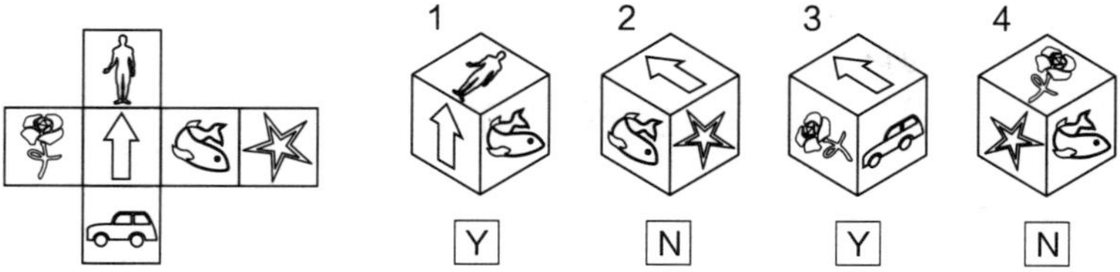

示例2

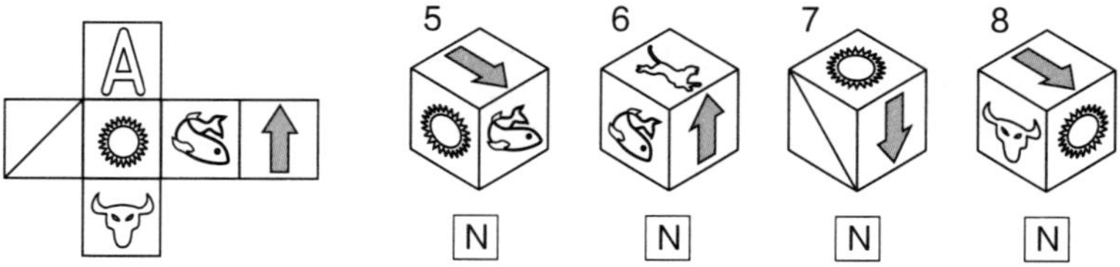

如果需要绘制图形，那么你可以准备纸张和铅笔以方便操作。你必须尽可能迅速而准确作答。请记住，如果本书非你个人所有，请另备纸张用于作答。你可以通过计时答题对自己的能力进行更准确的评估，并将自己的测试结果同他人的结果进行准确对比，也可以将本测试结果同其他测试项目的结果进行对比。你如果只是为了熟悉这类题目而进行测试，则无须计时，答完即可。

限时：8分钟

A.

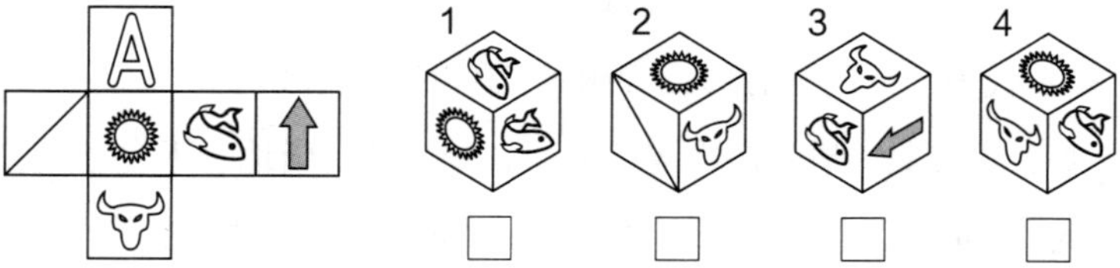

B. 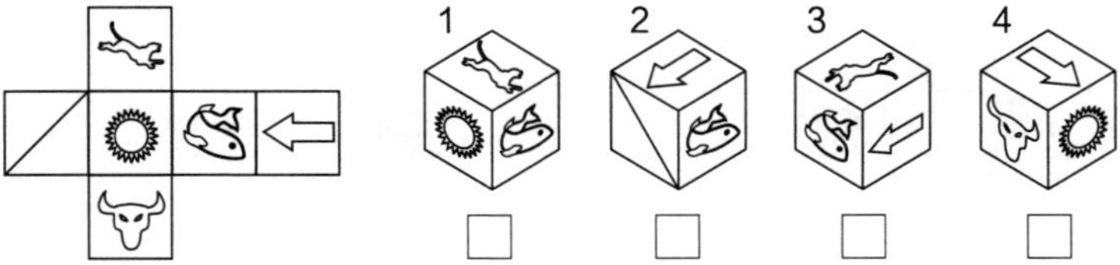

C. 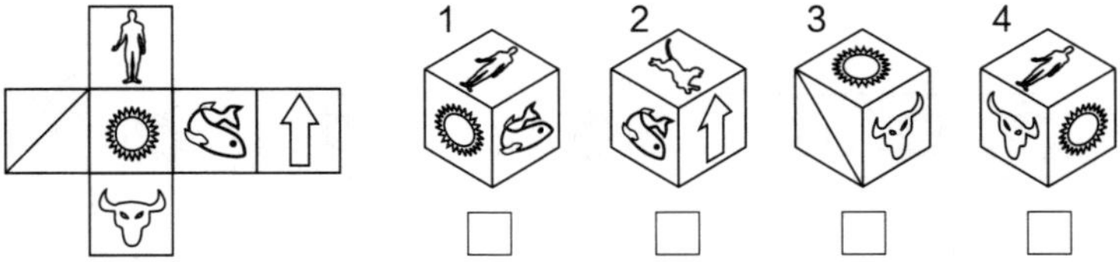

D. 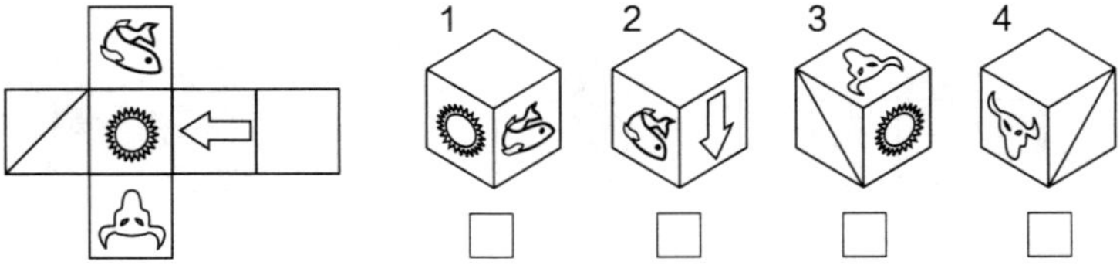

E. 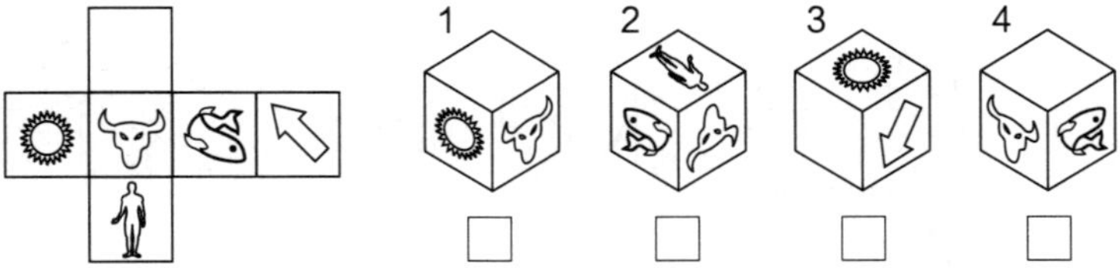

F. 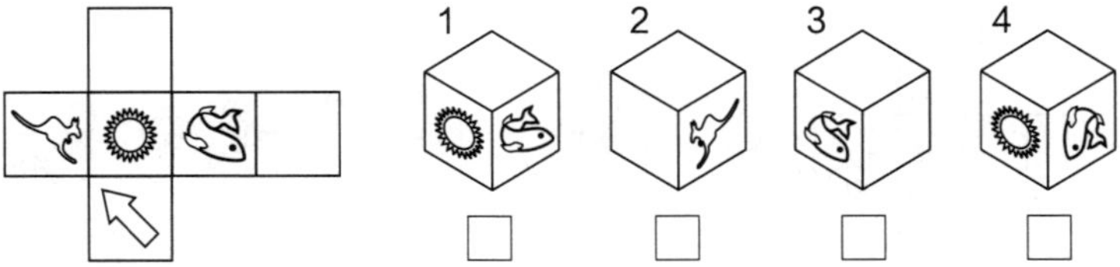

G. 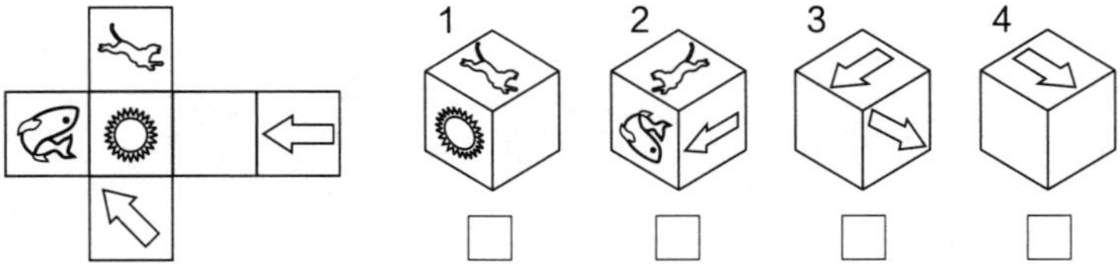

H. 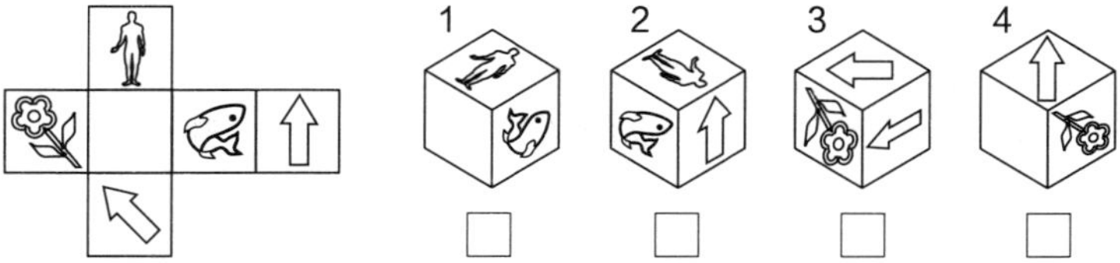

I. 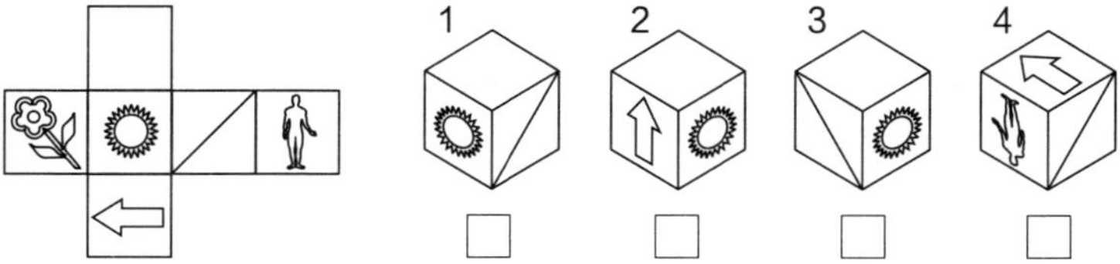

J. 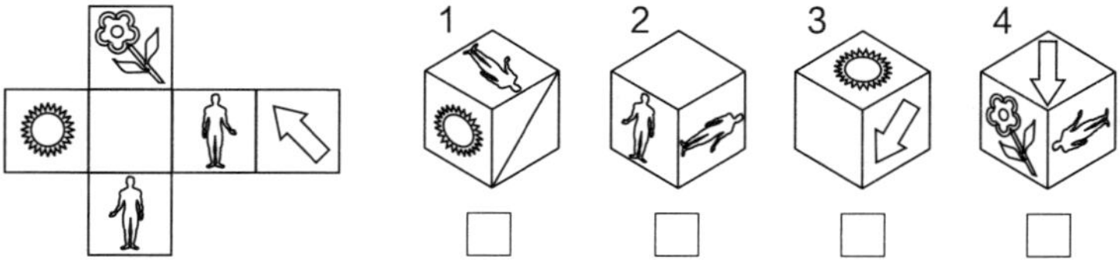

K. 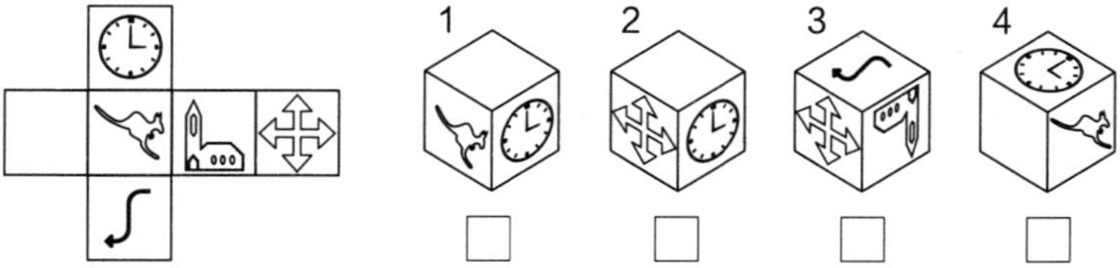

L. 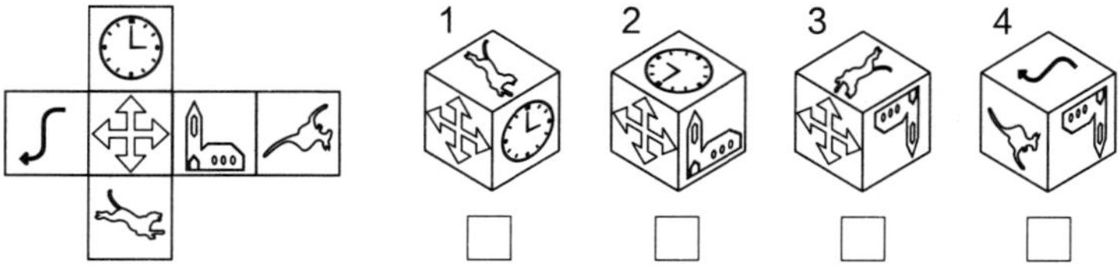

M. 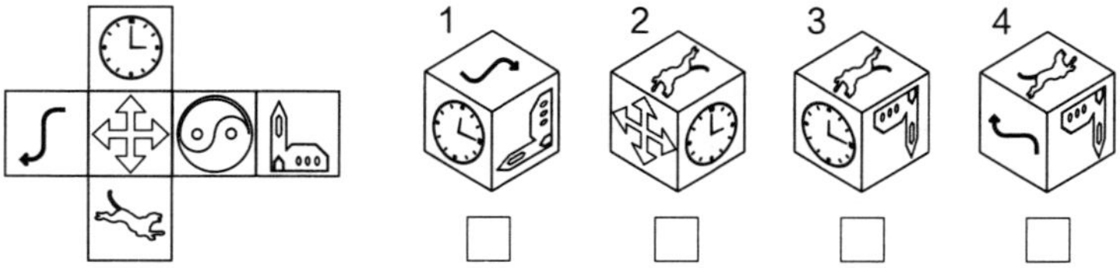

N.

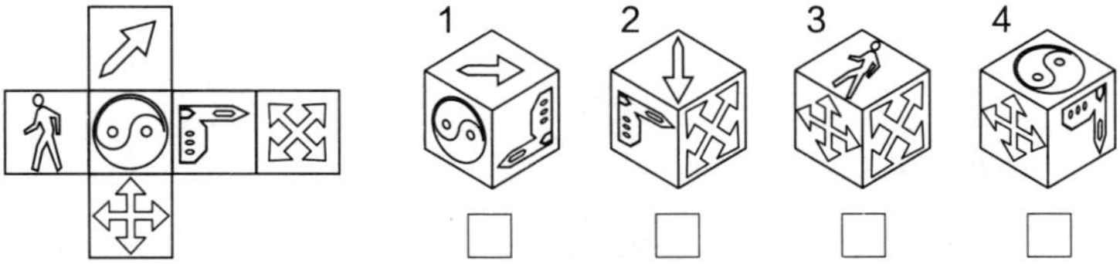

O.

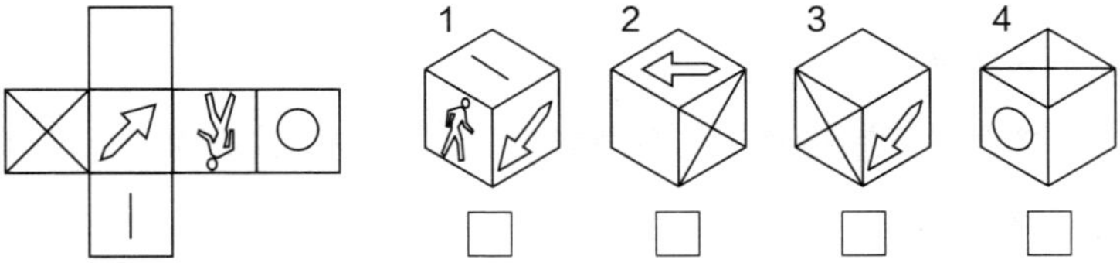

答案

A	1. N	2. Y	3. N	4. Y
B	1. Y	2. N	3. N	4. N
C	1. Y	2. N	3. Y	4. N
D	1. N	2. Y	3. N	4. N
E	1. Y	2. Y	3. Y	4. N
F	1. Y	2. N	3. Y	4. N
G	1. Y	2. N	3. Y	4. N
H	1. N	2. Y	3. N	4. N
I	1. Y	2. N	3. N	4. Y
J	1. N	2. Y	3. N	4. Y
K	1. N	2. N	3. Y	4. N
L	1. N	2. N	3. N	4. N
M	1. N	2. N	3. N	4. N
N	1. N	2. Y	3. N	4. N
O	1. Y	2. Y	3. N	4. N

得分

正确个数－错误个数＝______

16岁以下测试人员的分值加4，17～20岁的测试人员的分值加2。＋______

测试得分＝______

按照以下表格将你的分数转换成10分制，或称为“标准10分”的分数，随即将“标准10分”的分数填入附表1（见244页）中。

测试得分	1～15	16～20	21～25	26～30	31～35
标准 10 分	1	2	3	4	5
测试得分	36～40	41～43	44～46	47～49	50+
标准 10 分	6	7	8	9	10

第2章
序列测试

你将看到一系列形状，然后据此推理出这一系列形状中缺失了哪两个形状，我们会用1和2将它们标出。请在给出的答案中选出正确的两个，并将对应的字母填写在右侧空白的地方。

可能的答案选项（下列图形的大小并不一致，请根据题目选择合适的大小及形状）：

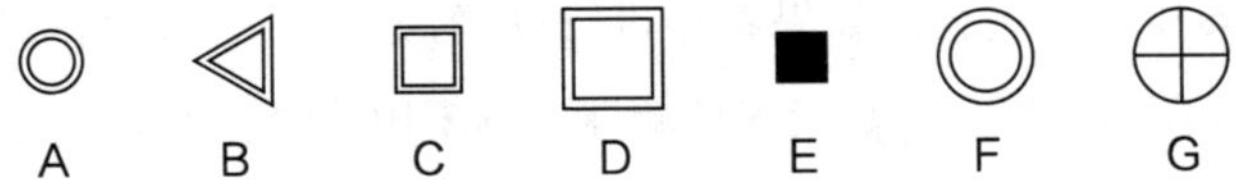

示例1

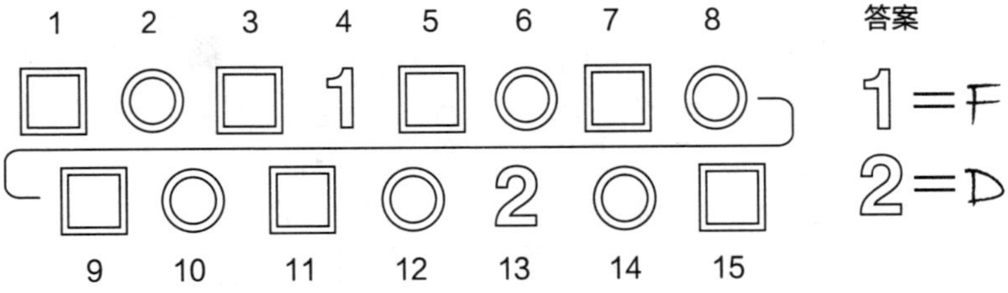

示例2

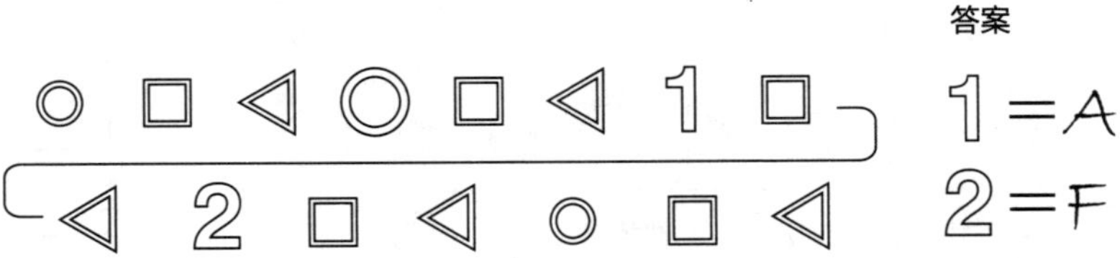

示例1中有一系列交替出现的正方形和圆形，序列中的第4位（标号1）缺失了一个圆形，因此F便是正确选项。序列中的第13位（标号2）缺失的是一个正方形，所以D是正确选项。

示例2中圆形、正方形和三角形依次交替出现。标号1的位置应为一个小白圆形，所以A是正确选项。在此序列中，大小圆形交替出现，因此标号2的位置应为一个大圆形，所以应该选择F。

真实的测试便是如此设计的。从每一页的选项中找出正确的答案，并将对应字母填写在答题区空白处。两道题目必须都做对才可以得分。

如果本书非你个人所有，请不要在此做标记，你可在草稿纸上列出答案和解题过程。如果希望进行准确的能力评估，请记录你在15分钟内所答的题目；如果无须测评，则不用计时，答完即可。

限时：15分钟

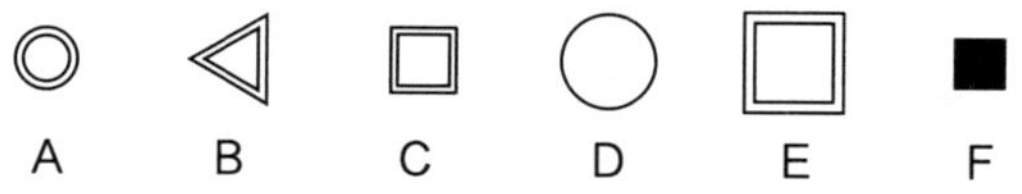

1.

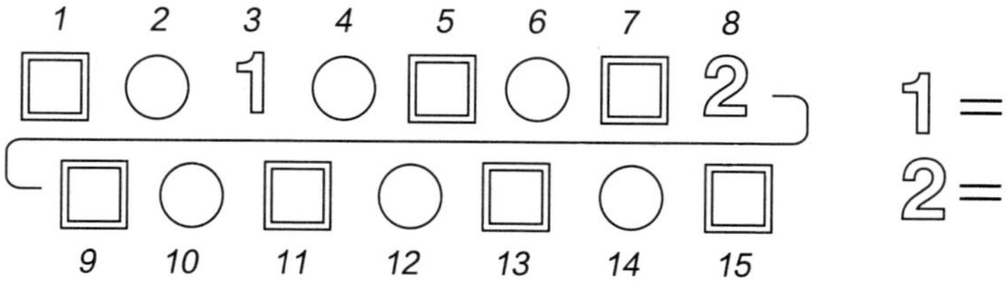

2.

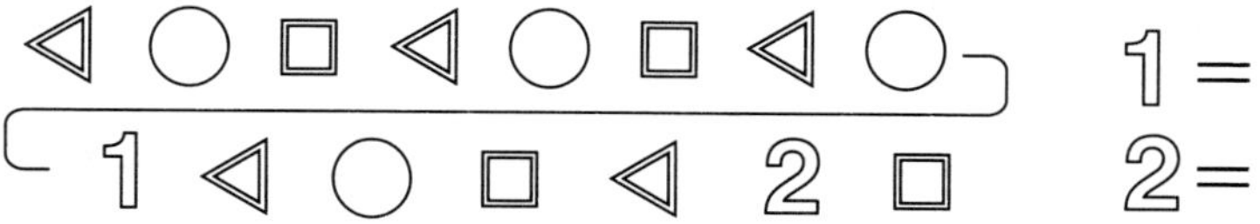

3.

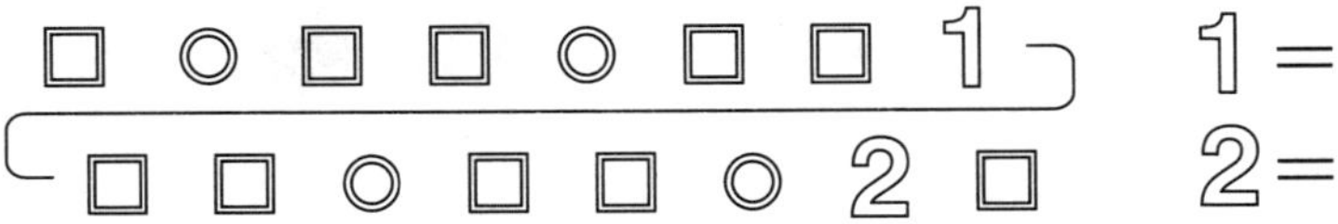

4.

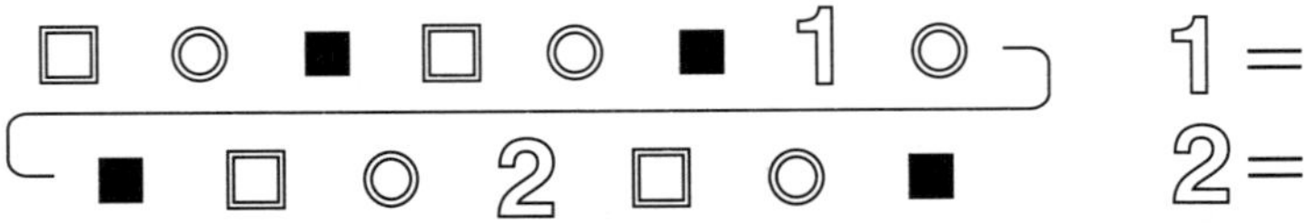

5.

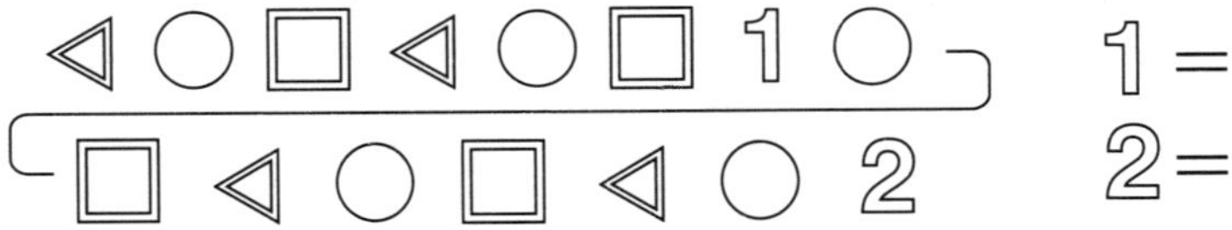

6.

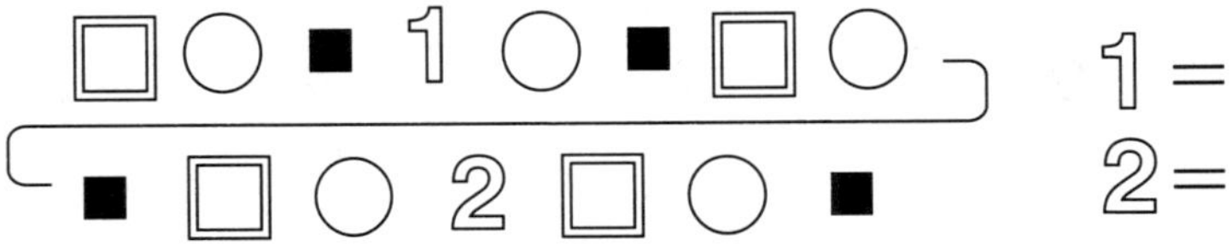

7.

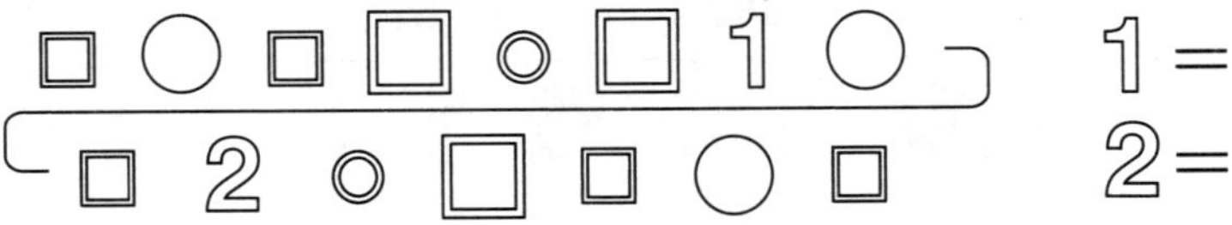

8.

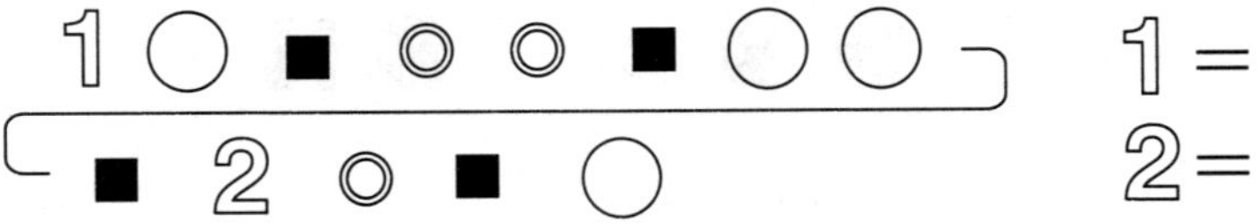

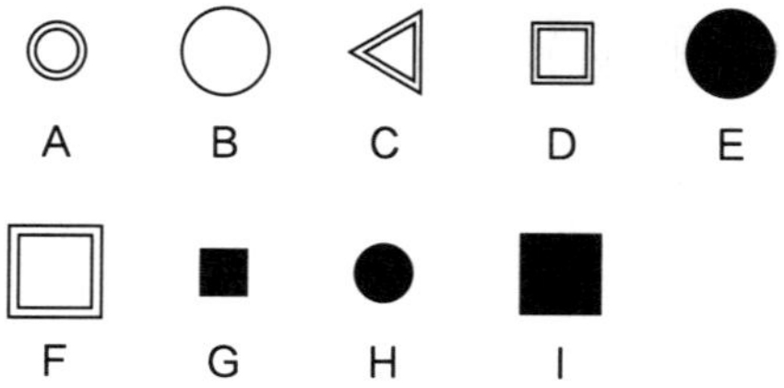

9.

10.

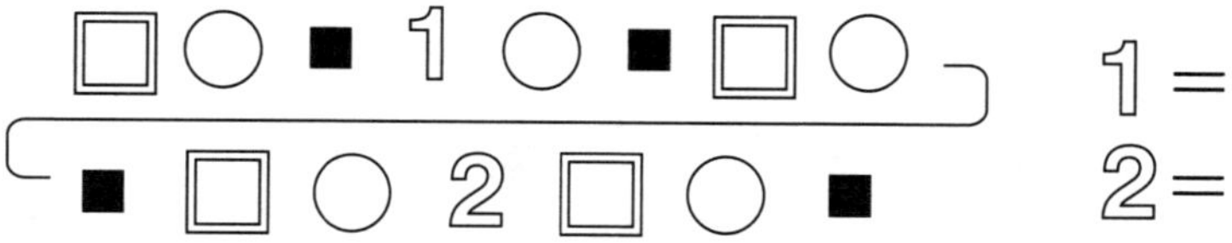

11.

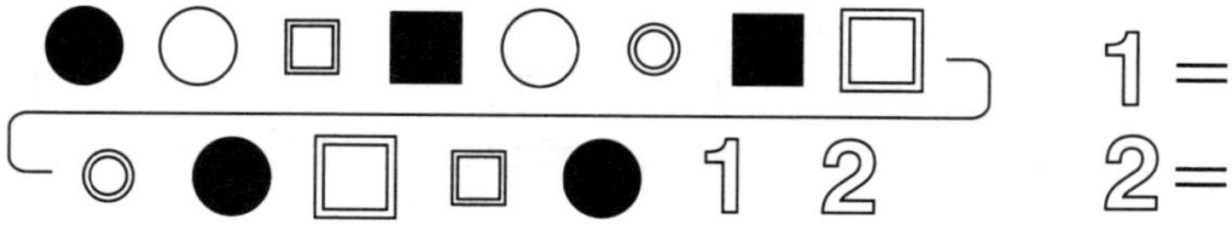

12.

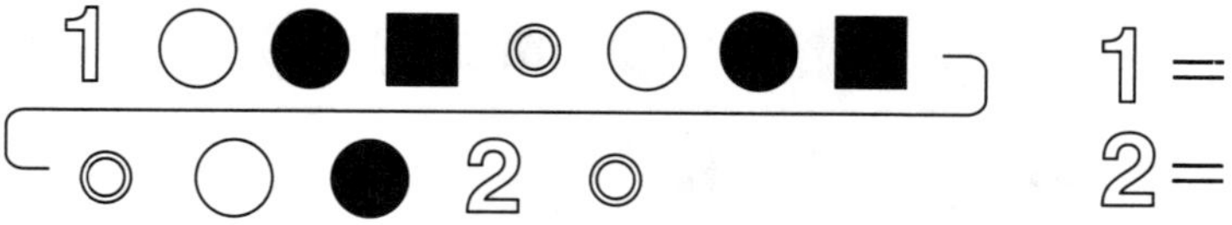

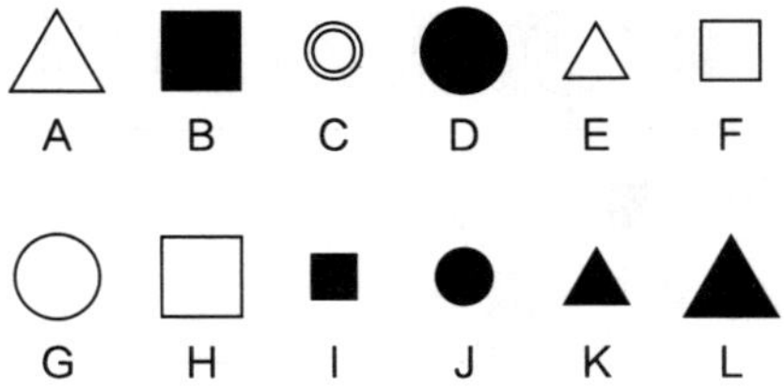

13.
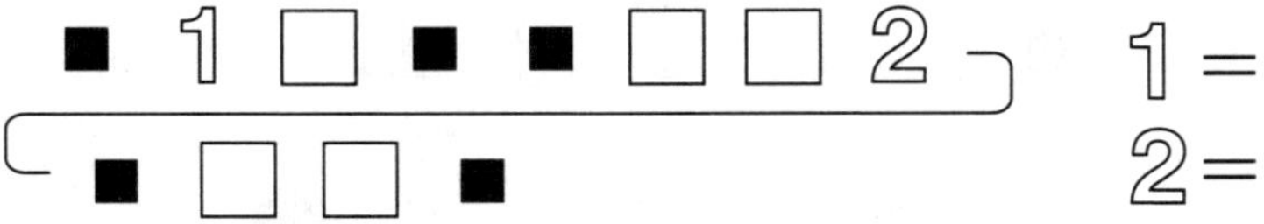

14.

15.
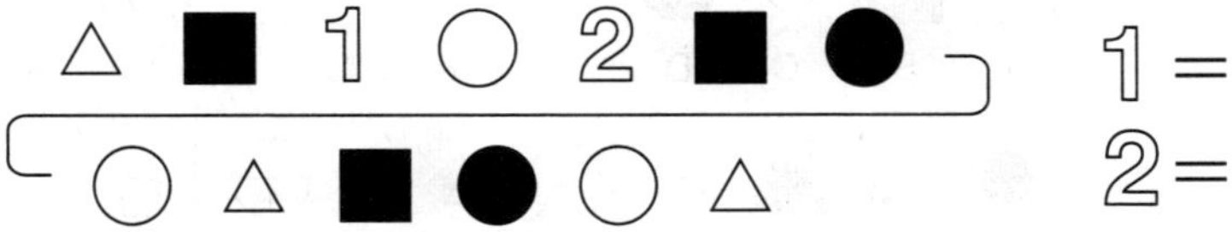

16.
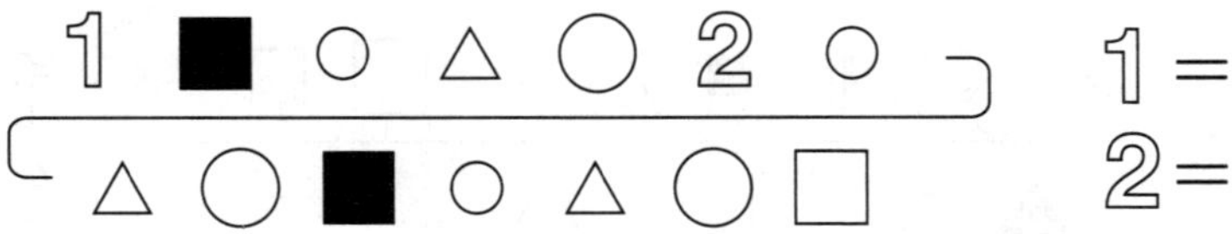

17.
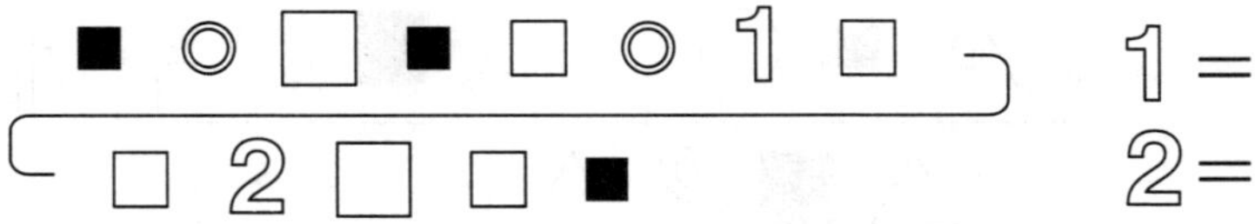

18. 

1 =

2 =

19. 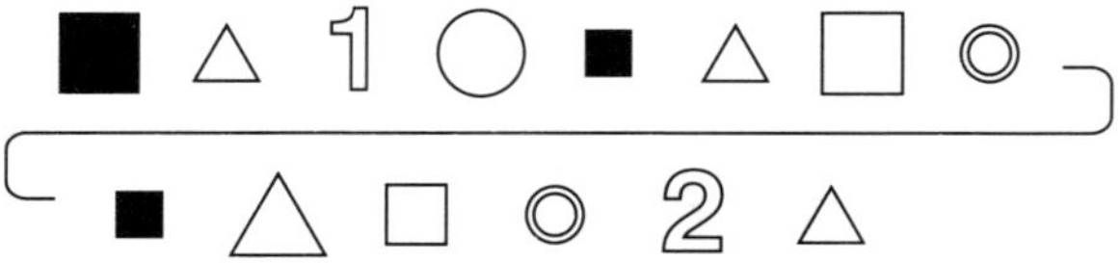

1 =

2 =

20. 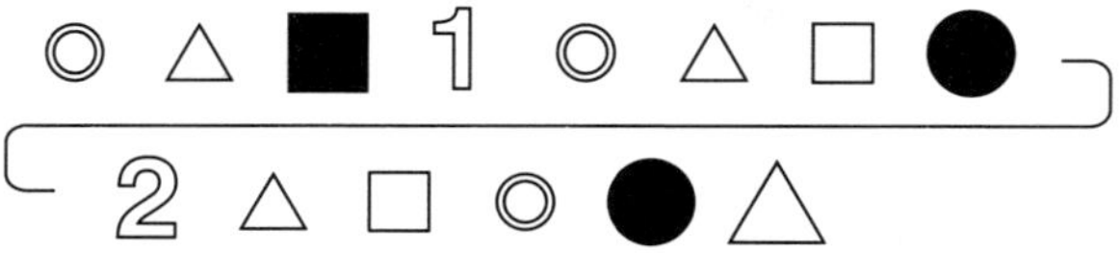

1 =

2 =

21. 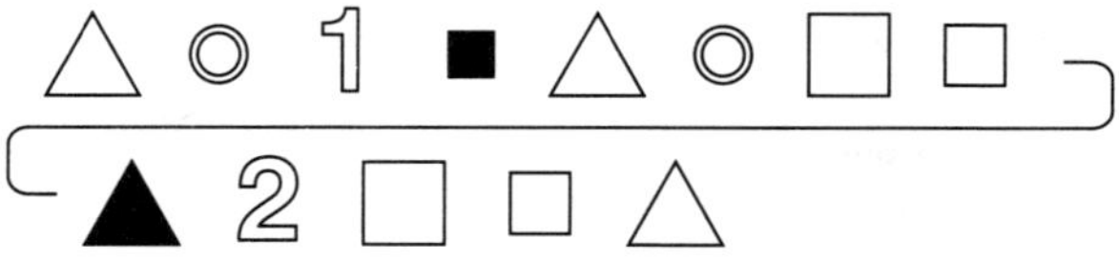

1 =

2 =

22. 

1 =

2 =

23.
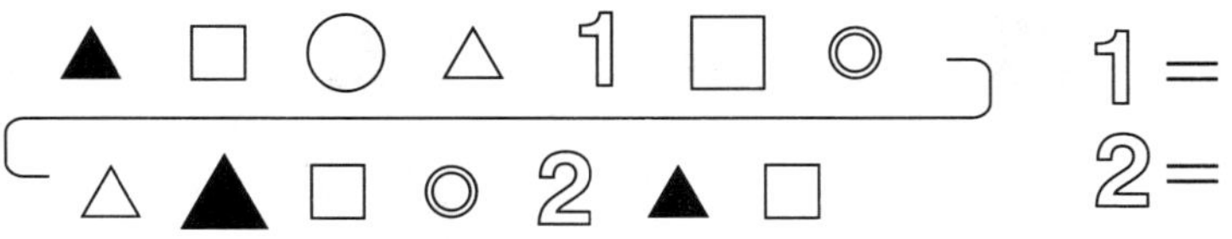

24.
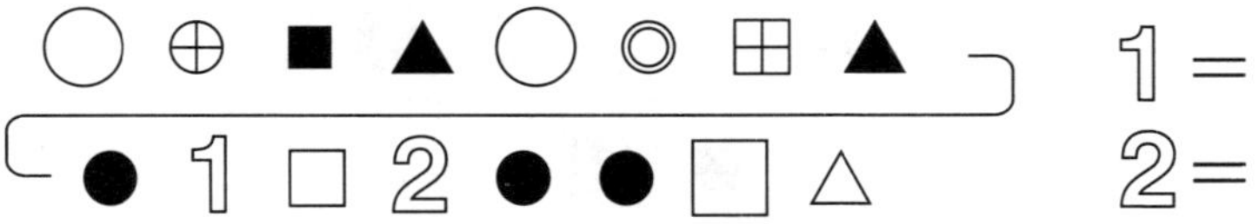

25.
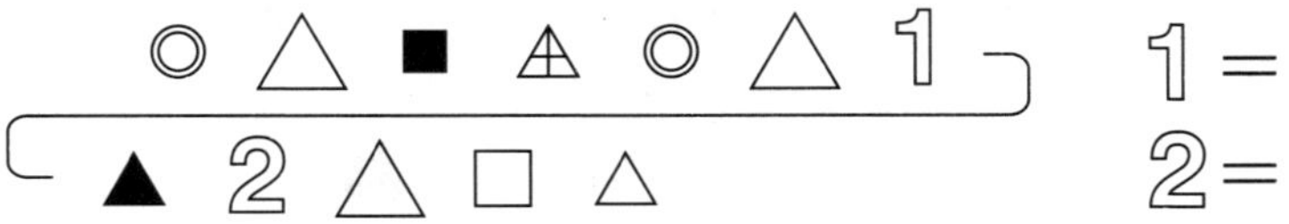

26.
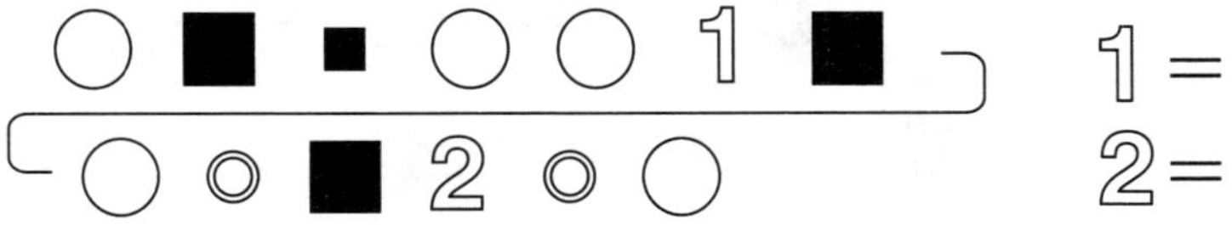

27.
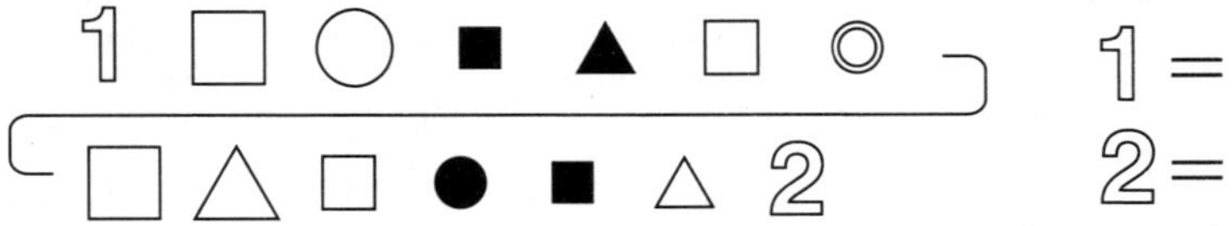

28.
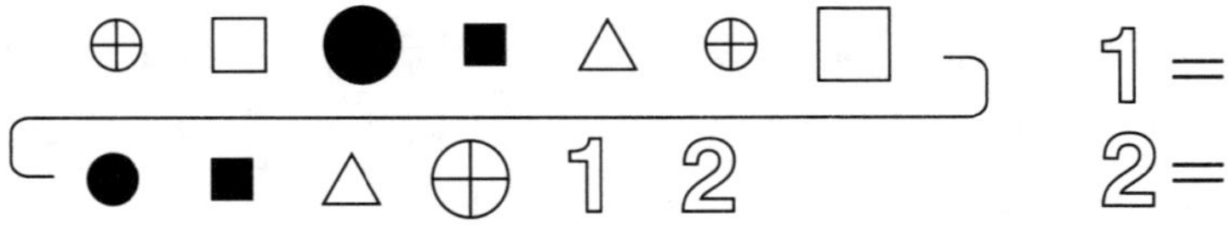

29.

30.

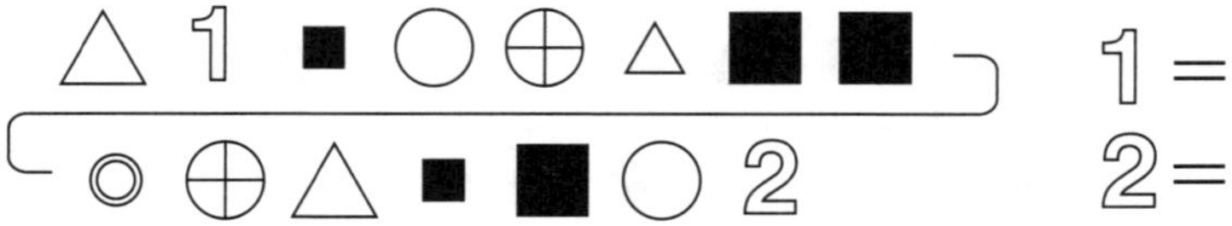

31.

32.

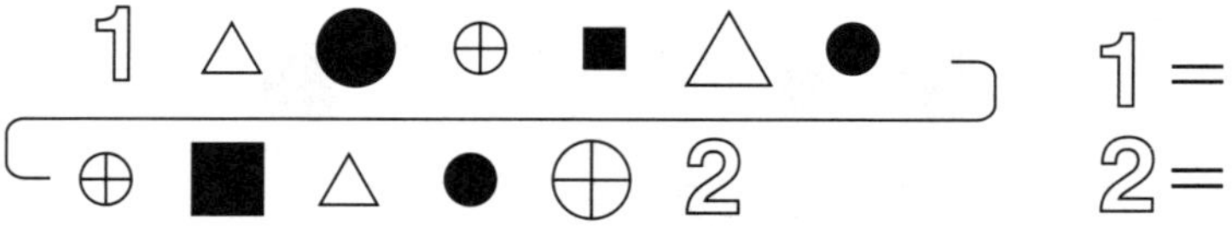

答案

1. 1=E，2=D	9. 1=B，2=G	17. 1=B，2=J	25. 1=F，2=M
2. 1=C，2=D	10. 1=F，2=G	18. 1=G，2=A	26. 1=I，2=B
3. 1=A，2=C	11. 1=B，2=D	19. 1=F，2=B	27. 1=E，2=H
4. 1=C，2=F	12. 1=A，2=I	20. 1=G，2=G	28. 1=F，2=J
5. 1=B，2=E	13. 1=H，2=I	21. 1=H，2=C	29. 1=C，2=J
6. 1=E，2=F	14. 1=I，2=A	22. 1=A，2=C	30. 1=B，2=M
7. 1=C，2=E	15. 1=D，2=E	23. 1=K，2=A	31. 1=E，2=F
8. 1=D，2=A	16. 1=G，2=H	24. 1=G，2=O	32. 1=I，2=I

得分

正确个数－错误个数=______

16岁以下测试人员的分值加3，17～20岁测试人员的分值加1。+______

测试得分=______

按照以下表格将你的分数转换成10分制，或称为“标准10分”的分数，随即将“标准10分”的分数填入附表1（见244页）中。

测试得分	1～2	3～5	6～18	9～10	11～12
标准 10 分	1	2	3	4	5
测试得分	13～14	15～18	19～21	22～24	25+
标准 10 分	6	7	8	9	10

解析

1.大正方形、大圆形依次出现，所以1是大正方形，2是大圆形。

2.三角形、大圆形、小白正方形依次出现，所以1是小白正方形，2是大圆形。

3.小白圆形、两个小白正方形依次出现，所以1是小白圆形，2是小白正方形。

4.小白正方形、小白圆形、小黑正方形依次出现，所以1是小白正方形，2是小黑正方形。

5.大白三角形、大白圆形、大白正方形依次出现，所以1是大白三角形，2是大白正方形。

6.大白正方形、大白圆形、小黑正方形依次出现，所以1是大白正方形，2是小黑正方形。

7.小白正方形、大白圆形、小白正方形、大白正方形、小白圆形、大白正方形依次出现，所以1是小白正方形，2是大白正方形。

8.两个大白圆形、小黑正方形、两个小白圆形依次出现，所以1是大白圆形，2是小白圆形。

9.小黑正方形、大白圆形、大白正方形依次出现，所以1是大白圆形，2是小黑正方形。

10.大白正方形、大白圆形、小黑正方形依次出现，所以1是大白正方形，2是小黑正方形。

11.两个大的、一个小的依次出现，所以1是大的，2是小的。

一个黑色、两个白色依次出现，所以1是白色，2是白色。

两个圆形、两个正方形依次出现，所以1是圆形，2是正方形。

12.三个大的、一个小的依次出现，所以1是小的，2是大的。

两个白色、两个黑色依次出现，所以1是白色，2是黑色。

三个圆形、一个正方形依次出现，所以1是圆形，2是正方形。

13.两个大的、两个小的依次出现，所以1是大的，2是小的。

两个白色、两个黑色依次出现，所以1是白色，2是黑色。

正方形依次出现，所以1和2都是正方形。

14.两个大的、两个小的依次出现，所以1是小的，2是大的。

两个白色、两个黑色依次出现，所以1是黑色，2是白色。

三角形、圆形、正方形、正方形依次出现，所以1是正方形，2是三角形。

15.一个小的、三个大的依次出现，所以1是大的，2是小的。

两个黑色、两个白色依次出现，所以1是黑色，2是白色。

三角形、正方形、两个圆形依次出现，所以1是圆形，2是三角形。

16. 两个大的、两个小的依次出现，所以1是大的，2是大的。

一个黑色、7个白色依次出现，所以1是白色，2是白色。

正方形、圆形、三角形、圆形依次出现，所以1是圆形，2是正方形。

17. 三个小的、一个大的依次出现，所以1是大的，2是小的。

一个黑色、两个白色依次出现，所以1是黑色，2是黑色。

三个正方形、一个圆形依次出现，所以1是正方形，2是圆形。

18. 三个大的、一个小的依次出现，所以1是大的，2是大的。

三个白色、一个黑色依次出现，所以1是白色，2是白色。

正方形、圆形、两个三角形依次出现，所以1是圆形，2是三角形。

19. 一个大的、两个小的依次出现，所以1是小的，2是大的。

一个黑色、三个白色依次出现，所以1是白色，2是黑色。

圆形、正方形、三角形、正方形依次出现，所以1是正方形，2是正方形。

20. 三个小的、两个大的依次出现，所以1是大的，2是大的。

一个黑色、四个白色依次出现，所以1是白色，2是白色。

两个圆形、三角形、正方形依次出现，所以1是圆形，2是圆形。

21. 一个大的、一个小的依次出现，所以1是大的，2是小的。

一个黑色、四个白色依次出现，所以1是白色，2是白色。

三角形、圆形、两个正方形依次出现，所以1是正方形，2是圆形。

22. 两个大的、一个小的依次出现，所以1是大的，2是小的。

一个黑色、三个白色依次出现，所以1是白色，2是白色。

两个三角形、正方形、圆形依次出现，所以1是三角形，2是圆形。

23. 两个小的、一个大的依次出现，所以1是小的，2是大的。

一个黑色、三个白色依次出现，所以1是黑色，2是白色。

两个三角形、正方形、圆形依次出现，所以1是三角形，2是三角形。

24. 一个大的、三或四个小的依次出现，所以1是大的，2是小的。

两个白色、交叉形状、两个黑色依次出现，所以1是白色，2是交叉形状。

两个圆形、正方形、三角形依次出现，所以1是圆形，2是三角形。

25. 一个大的、三个小的依次出现，所以1是小的，2是小的。

三个白色、黑色、交叉形状依次出现，所以1是白色，2是交叉形状。

圆形、三角形、正方形、三角形依次出现，所以1是正方形，2是圆形。

26. 两个大的、一个小的依次出现，所以1是小的，2是大的。

两个白色、两个黑色依次出现，所以1是黑色，2是黑色。

两个圆形、两个正方形依次出现，所以1是正方形，2是正方形。

27. 两个大的、四个小的依次出现，所以1是小的，2是大的。

五个白色、两个黑色依次出现，所以1是白色，2是白色。

正方形、圆形、正方形、三角形依次出现，所以1是三角形，2是正方形。

28. 一个大的、三个小的依次出现，所以1是小的，2是小的。

两个黑色、白色、交叉形状、白色依次出现，所以1是白色，2是黑色。

圆形、正方形、圆形、正方形、三角形依次出现，所以1是正方形，2是圆形。

29. 两个大的、三个小的依次出现，所以1是小的，2是小的。

一个黑色、三个白色、交叉形状、白色依次出现，所以1是白色，2是黑色。

正方形、三角形、两个圆形、三角形依次出现，所以1是圆形，2是圆形。

30. 两个大的、一个小的依次出现，所以1是大的，2是小的。

两个黑色、白色、交叉形状、白色依次出现，所以1是黑色，2是交叉形状。

两个正方形、两个圆形、三角形依次出现，所以1是正方形，2是圆形。

31. 两个大的、四个小的依次出现，所以1是小的，2是小的。

黑色、两个白色、交叉形状、三个白色依次出现，所以1是白色，2是白色。

圆形、正方形、圆形、正方形、三角形依次出现，所以1是三角形，2是正方形。

32. 大的、两个小的依次出现，所以1是小的，2是小的。

白色、黑色、交叉形状、黑色依次出现，所以1是黑色，2是黑色。

三角形、两个圆形、正方形依次出现，所以1是正方形，2是正方形。

第3章
知觉测试

此测试内含两个种类的问题。第一类测试需要你挑出与其他选项不同的那一个。在第二类测试中，你会看到一系列的物体或形状，你的任务便是根据排列规律从所给的选项中选出下一个图形。

示例1

请选出与众不同的图形。

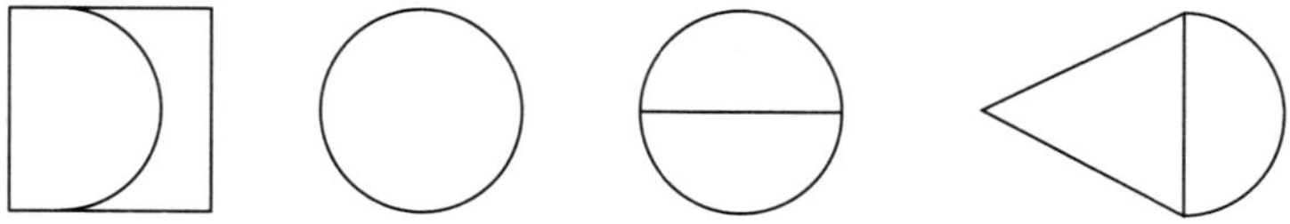

A　B　C　D

示例2

请选出序列的下一个图形。

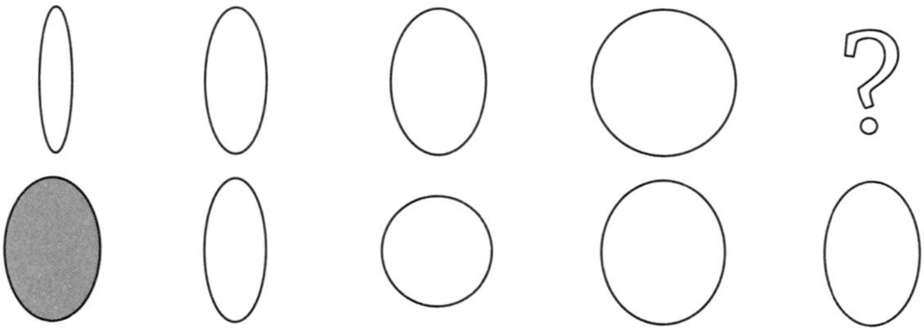

A　B　C　D　E

在示例1中，B是正确答案。它是唯一没有直线的弯曲形状。

在示例2中，图形都是一个旋转的圆的不同面，也可以看作初始形状每次扩大相同的量，最终变为一个正圆。下一个形状一定是上一个形状以与之前相同的量旋转，或以与之前相同的量缩小，所以E是正确答案。A虽然形状正确，但没必要涂上阴影。D的大小不准确，因为旋转量还不够。B旋转得太过了，所以也不正确。C的大小不对，并且根本没有旋转。

如果本书非你个人所有，请不要在此做标记，你可在草稿纸上列出答案和解题过程。如果你希望进行能力评估，请记录你在10分钟内所答的题目；如果无须测评，则不用计时，答完即可。

限时：10分钟

1.请选出与众不同的图形。

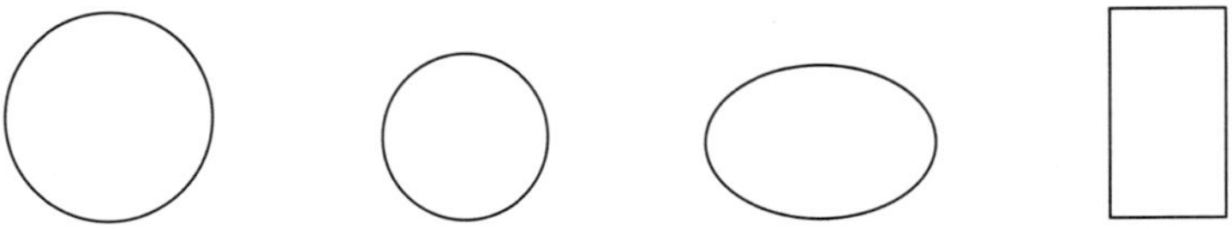

A　B　C　D

2.请选出序列的下一个图形。

A　B　C　D　E

3. 请选出与众不同的图形。

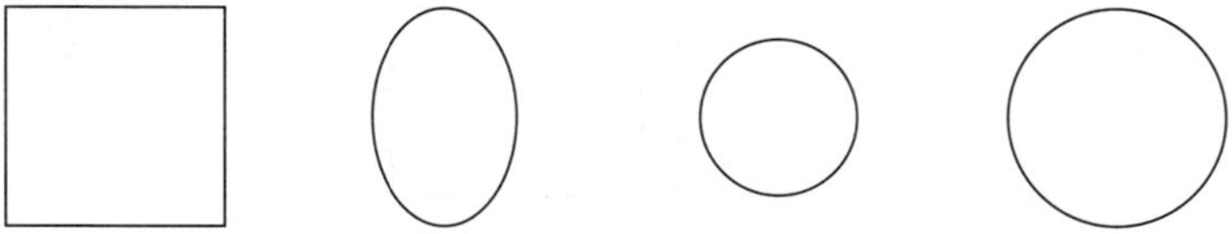

A　　B　　C　　D

4. 请选出序列的下一个图形。

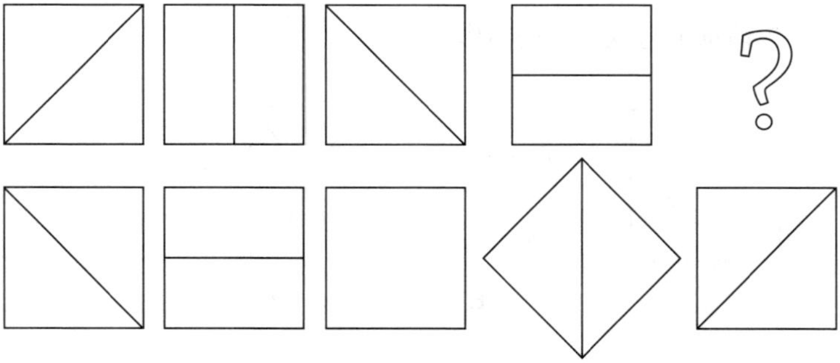

A　　B　　C　　D　　E

5. 请选出与众不同的图形。

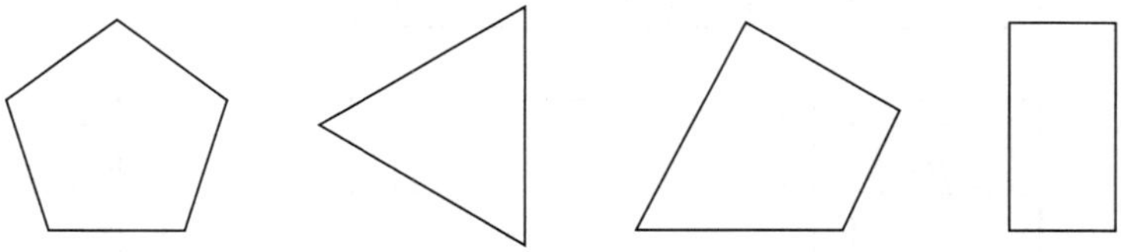

A　　B　　C　　D

6. 请选出序列的下一个图形。

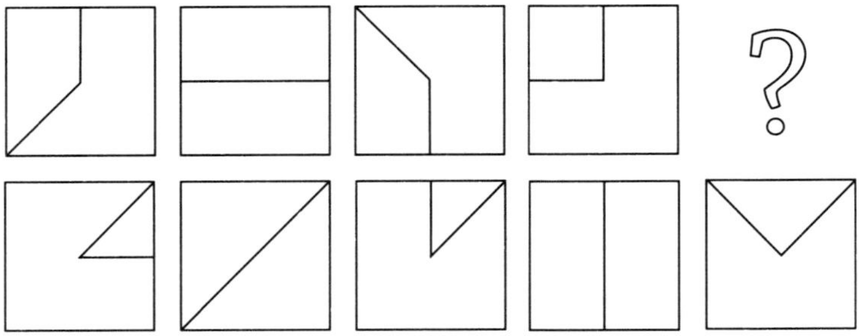

A　　B　　C　　D　　E

7. 请选出与众不同的图形。

A　　B　　C　　D

8. 请选出序列的下一个图形。

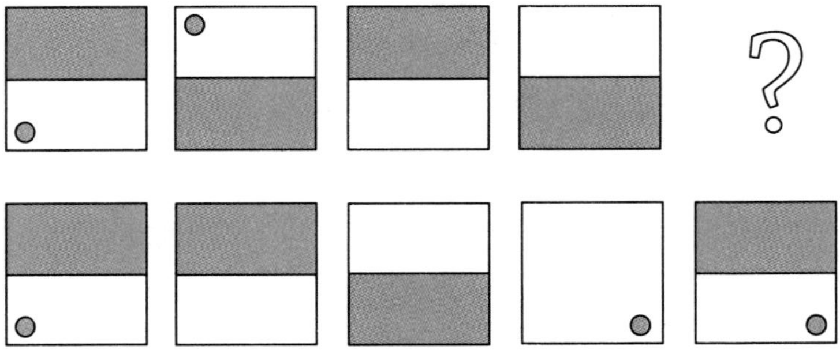

A　　B　　C　　D　　E

9. 请选出与众不同的图形。

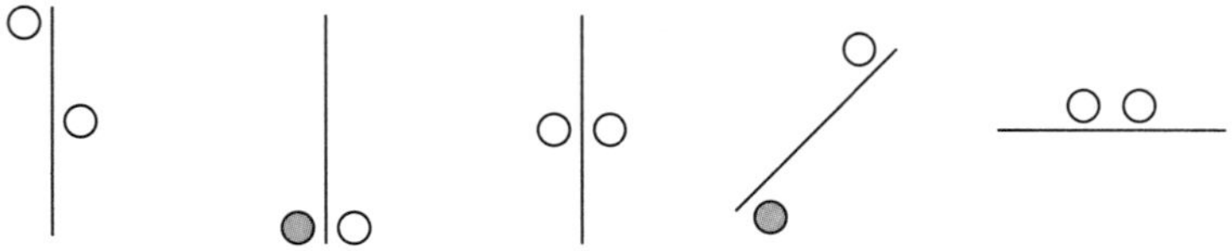

A　B　C　D　E

10. 请选出序列的下一个图形。

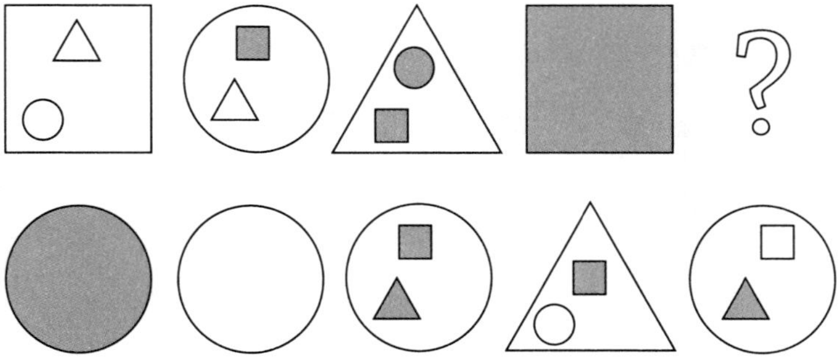

A　B　C　D　E

11. 请选出与众不同的图形。

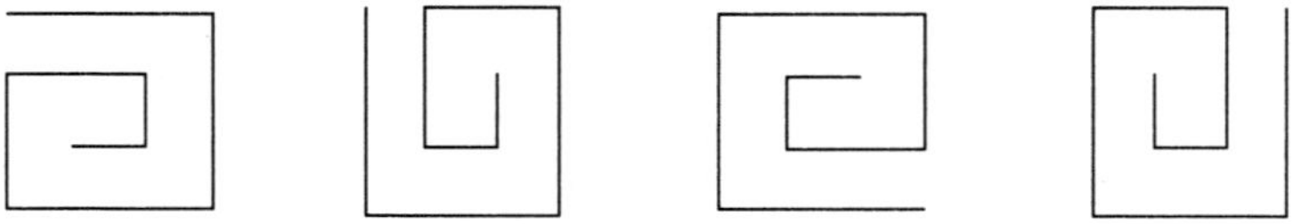

A　B　C　D

12.请选出序列的下一个图形。

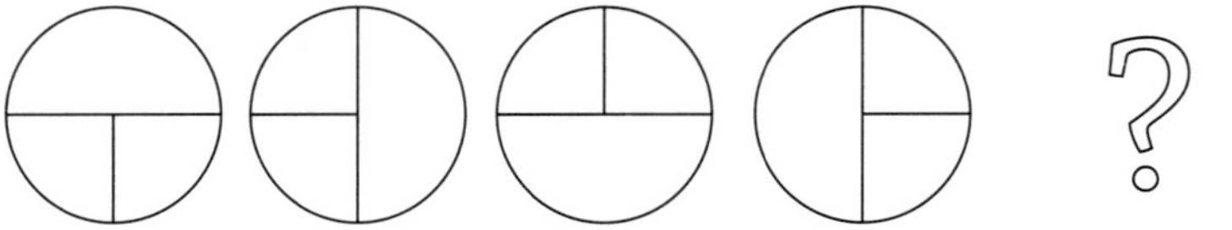

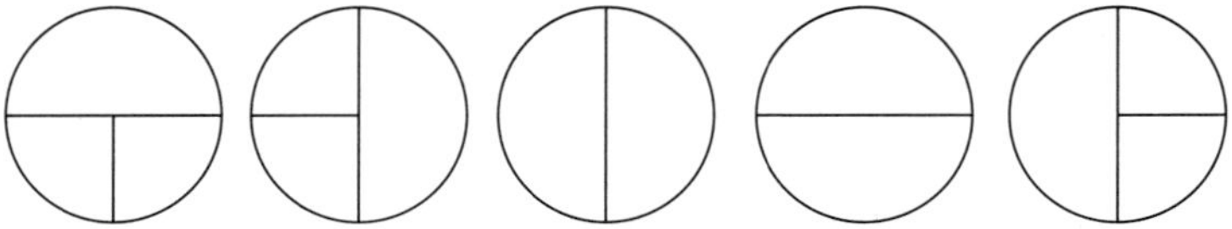

A　B　C　D　E

13.请选出与众不同的图形。

A　B　C　D　E

14.请选出序列的下一个图形。

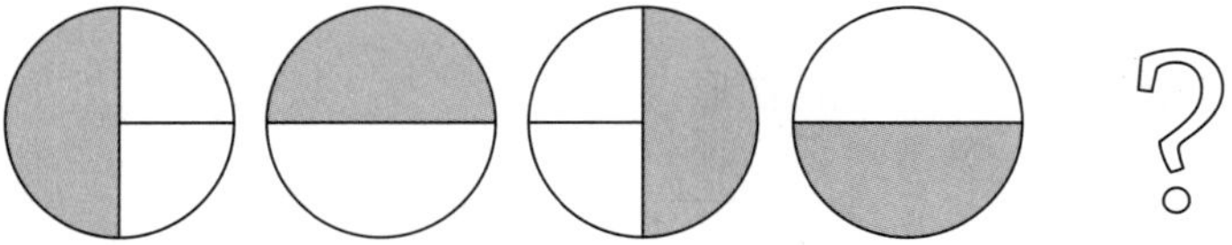

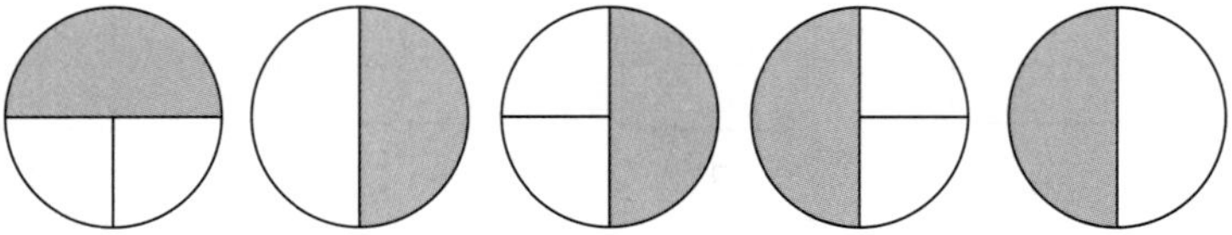

A　B　C　D　E

15. 请选出与众不同的图形。

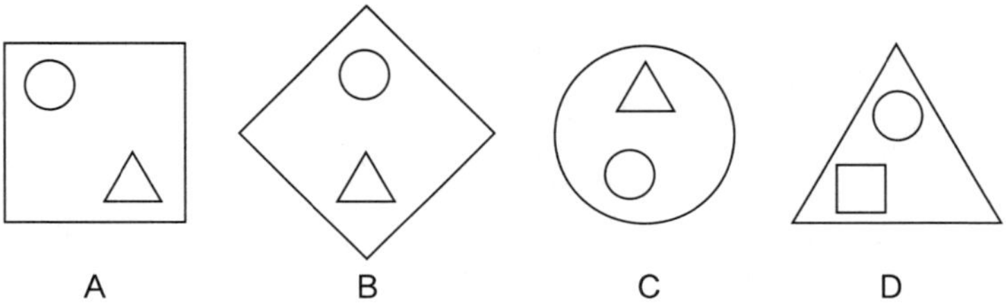

16. 请选出序列的下一个图形。

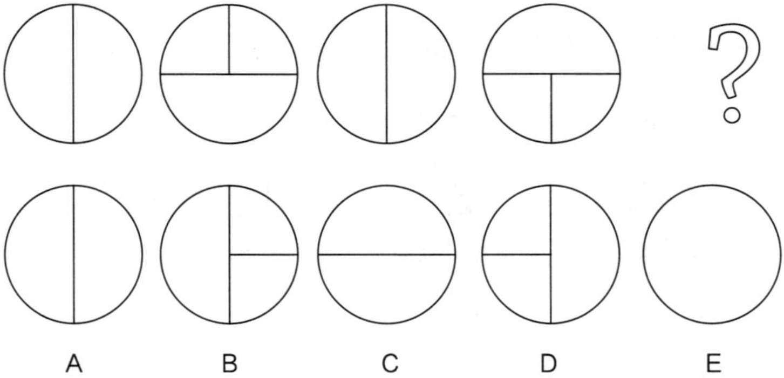

17. 请选出与众不同的图形。

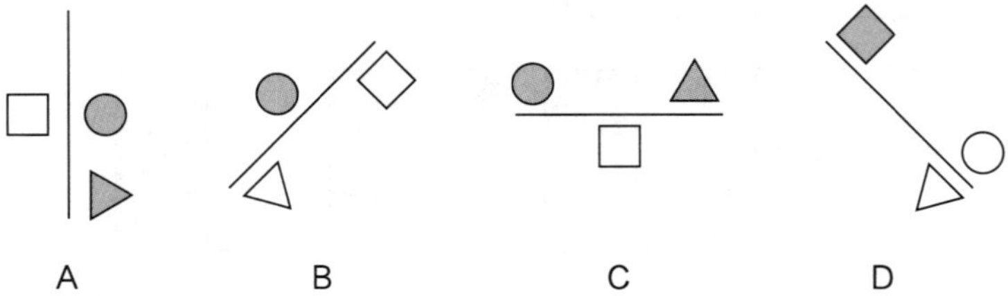

18. 请选出序列的下一个图形。

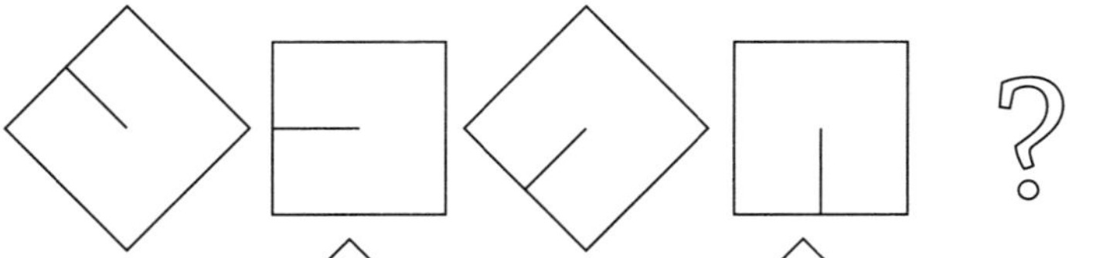

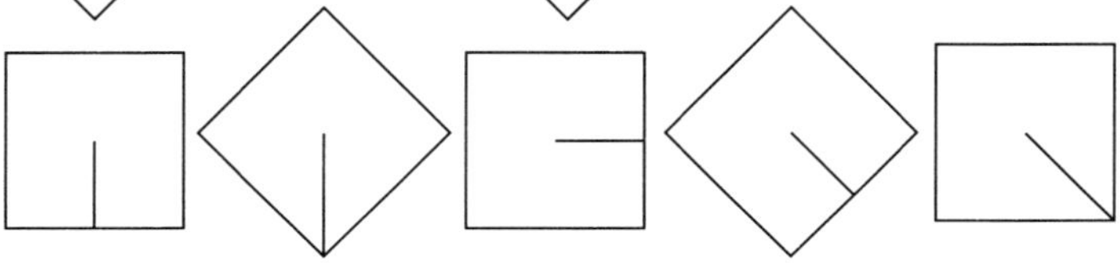

A B C D E

19. 请选出与众不同的图形。

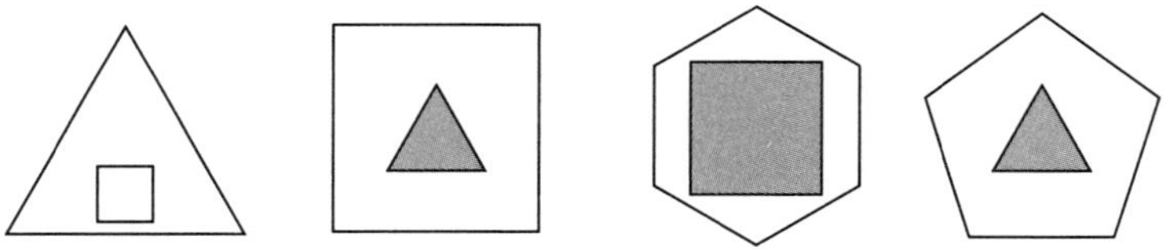

A B C D

20. 请选出序列的下一个图形。

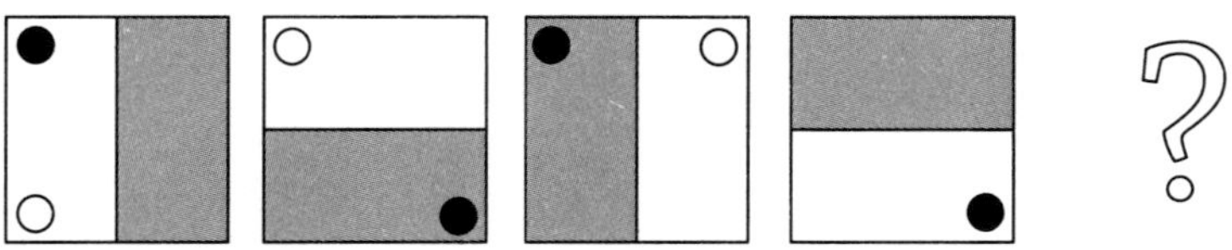

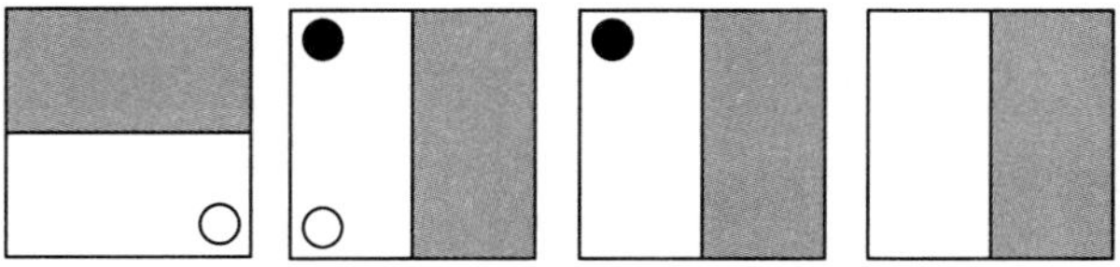

A B C D

21.请选出与众不同的图形。

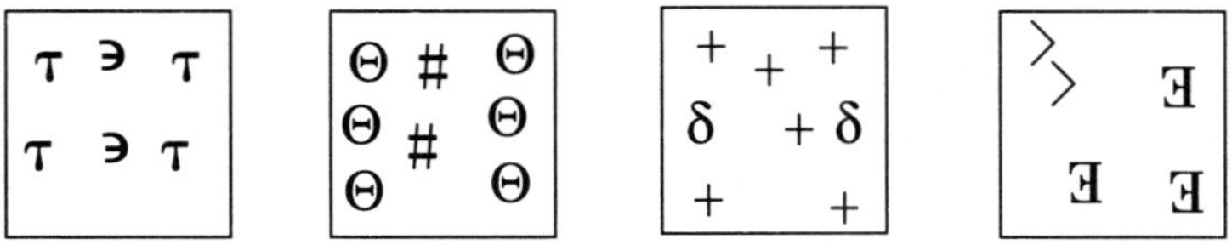

A B C D

22.请选出序列的下一个图形。

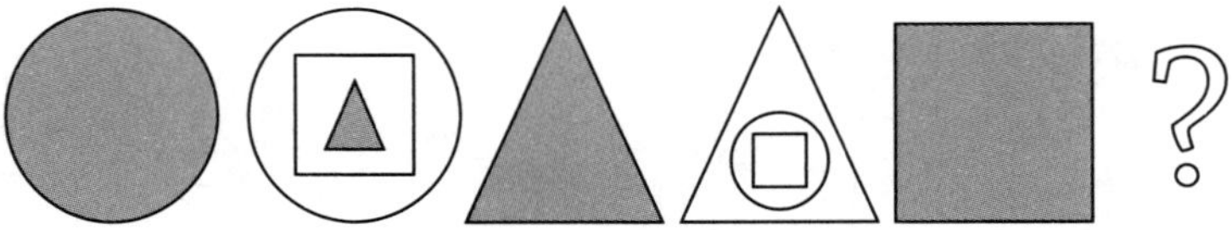

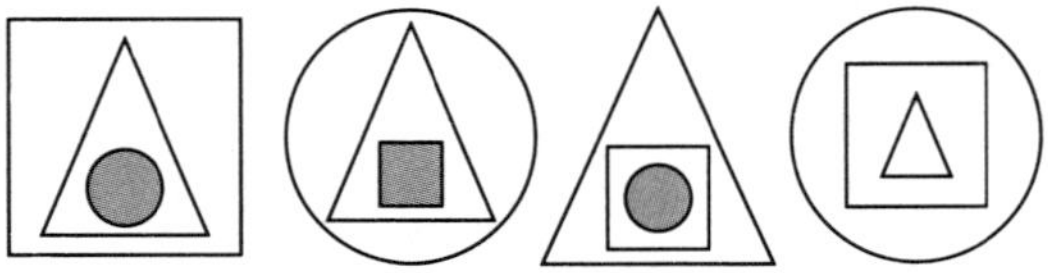

A B C D

23.请选出与众不同的图形。

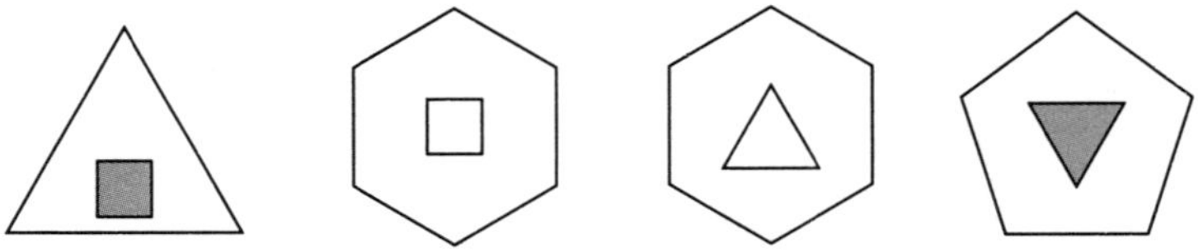

A B C D

24. 请选出序列的下一个图形。

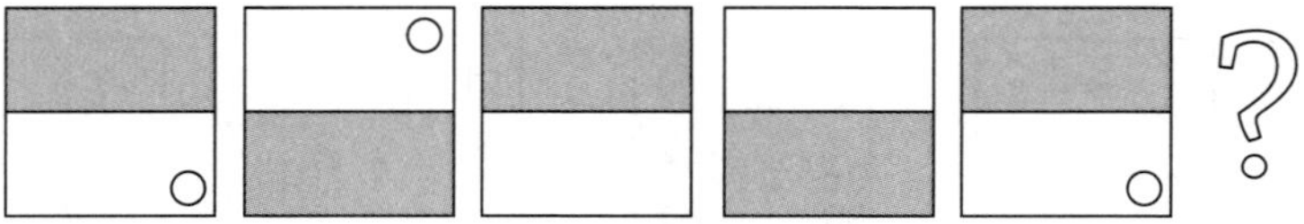

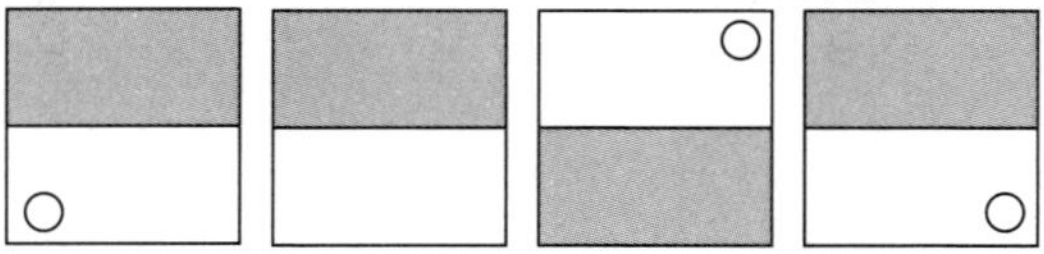

A B C D

25. 请选出与众不同的图形。

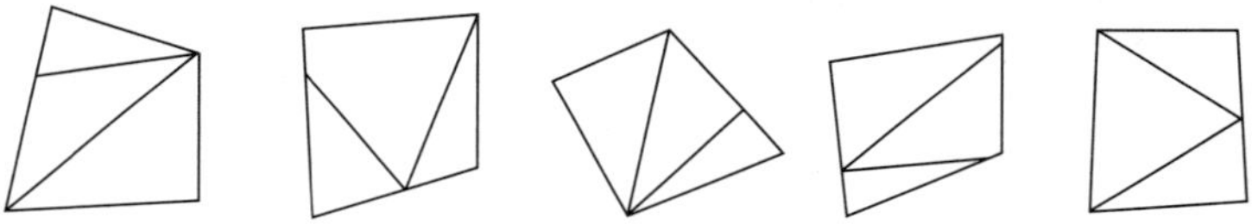

A B C D E

26. 请选出序列的下一个图形。

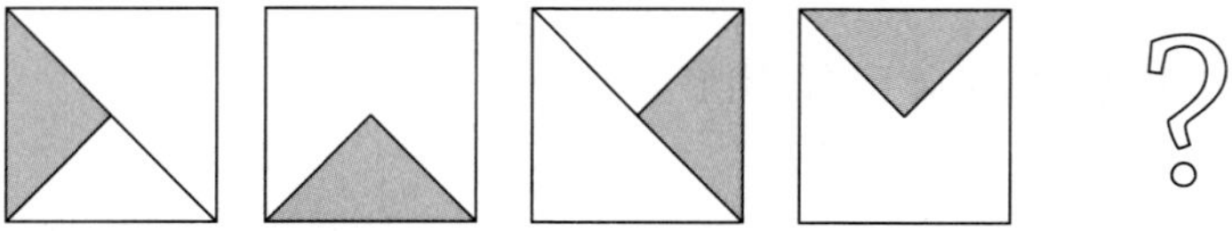

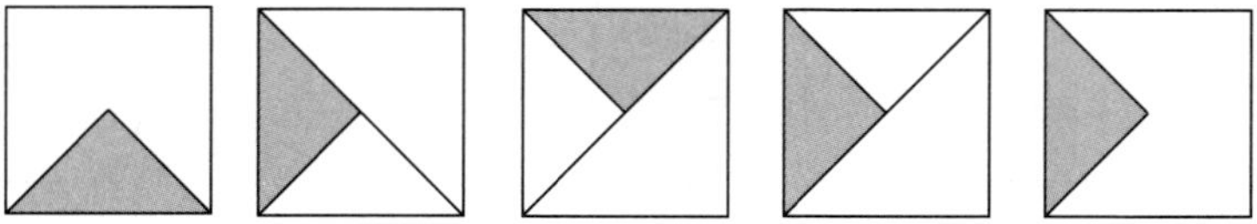

A B C D E

27. 请选出与众不同的图形。

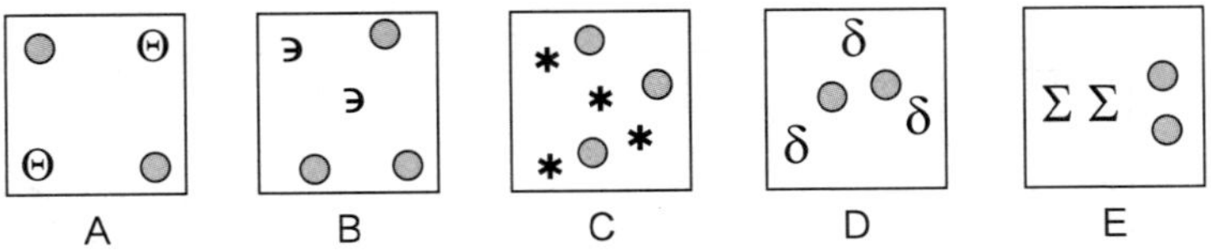

28. 请选出序列的下一个图形。

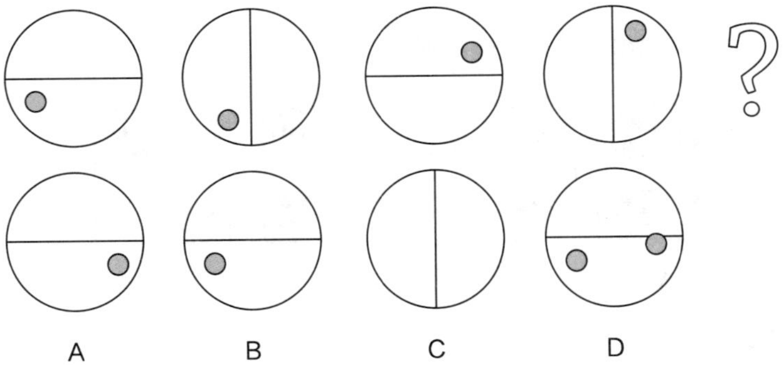

29. 请选出与众不同的图形。

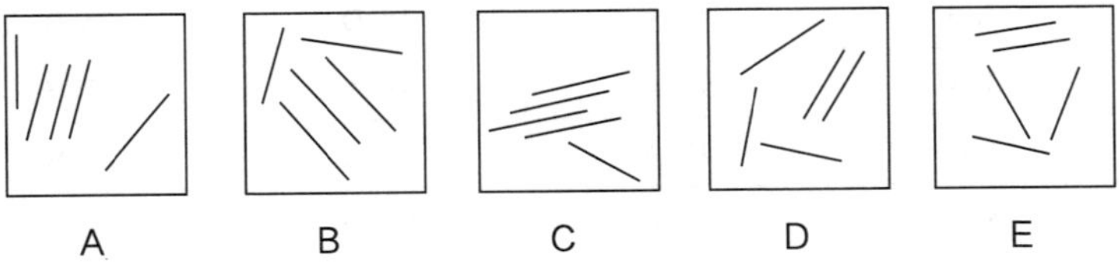

30. 请选出序列的下一个图形。

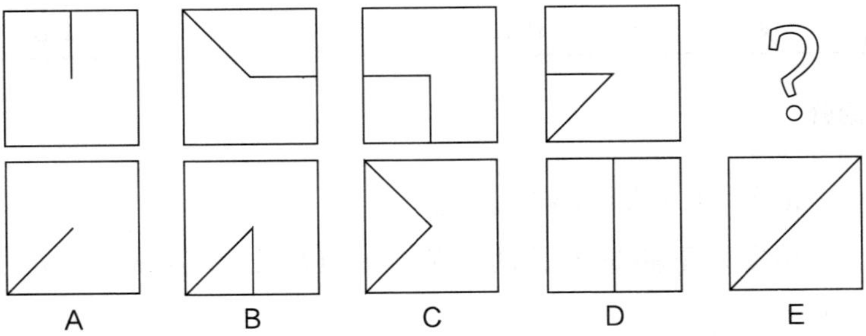

31. 请选出与众不同的图形。

A B C D E

32. 请选出与众不同的图形。

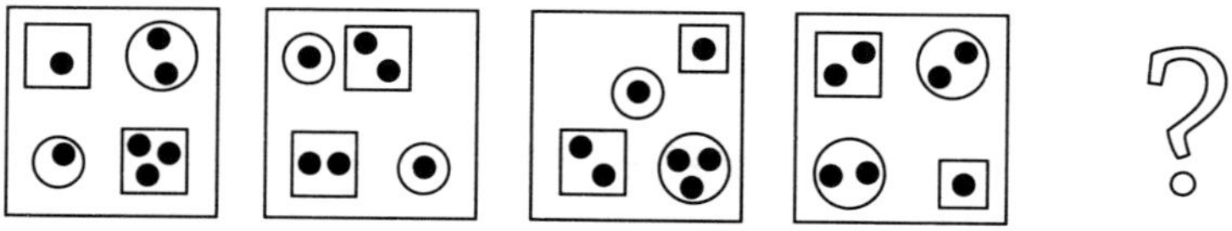

A B C D

答案

1. D	9. E	17. D	25. E
2. B	10. A	18. D	26. B
3. A	11. B	19. A	27. B
4. E	12. A	20. B	28. B
5. C	13. D	21. D	29. C
6. C	14. D	22. A	30. D
7. C	15. C	23. A	31. E
8. A	16. A	24. C	32. B

得分

正确个数－错误个数＝______

16岁以下测试人员的分值加3，17～20岁测试人员的分值加1。＋______

测试得分 = ______

按照以下表格将你的分数转换成10分制，或称为“标准10分”的分数，随即将“标准10分”的分数填入附表1（见244页）中。

测试得分	1～2	3～4	5～6	7～9	10～12
标准 10 分	1	2	3	4	5
测试得分	13～15	16～18	19～21	22～25	26+
标准 10 分	6	7	8	9	10

解析

1. 只有D有直线和角。

2. 顺序为正方形、圆形、正方形、圆形、正方形，所以答案是B。

3. 只有A有直线和角。

4. 穿过正方形的直线在正方形内等量旋转移动，所以下一步直线会呈现由右上指向左下穿过正方形的状态，所以答案是E。

5. 只有C不是规则图形。

6. 我们可将这个正方形内的两条移动的线看作“钟表指针”，一条指针一次移动一刻钟，另一条指针一次移动1/8小时，所以答案是C。

7. 只有C是由两个相同的图形组成的。

8. 带阴影的小圆形每两个图形换一次位置。在第3个和第4个图形中，它被阴影“淹没”，而第4个图中它一定是在左下角的，并且在下一个图形中的阴影移动到正方形上侧时，它依然停留在A中的左下角。

9. 只有E中的两个圆形在线段同侧。

10. 大图形（外部图形）的顺序为方形、圆形、三角形，所以缺失处一定是圆形。每一个大图形在下一个图形中变为带阴影的内部小图形。因此，图3中带阴影的小方形在图4中变成带阴影的大方形，之后便轮到带阴影的小圆形，它在第5个图形中变为带阴影的大圆形。

11. B是唯一一个被翻转了的图形。

12. 图形每次都有规律地旋转1/4圈，故选A。

13. 除了D之外，在每一幅图形中，穿过图形连接两个角的线段（A）都被另一条从一个角出发的线段（B）触碰到。而在D中，触碰到线段（A）的线段（B）没有从一个角出发，而是从一条边出发的。

14. 圆形被一条水平线平均分割成两个半圆。其中带阴影的半圆以每个图形移动1/4圈的频率旋转，所以在下一个图形中，这个半圆会移动到圆的左半边，故选D。

15. C是唯一一个不含正方形的图形。

16. 圆形被一条垂直线平均分割成两个半圆。一块正好是半圆形的“挡板”在圆内以每个图形移动1/4圈的频率旋转，所以它的旋转顺序为左侧、下侧、右侧、上侧，之后便又会是左侧，故选A。

17. D是唯一一个在线段的同一侧既有带阴影也有不带阴影形状的图形。

18. 图形呈逆时针旋转，故选D。

19. 在A中，内部图形的边框数量比外部图形的边框数量多。

20. 图形中的阴影部分以每个图形顺时针移动1/4圈的频率旋转，所以在下一个图形中会出现在右侧。白色的圆点从一个角向另一个角顺时针旋转，当到达第4个图形的右下角时被黑色的圆点遮挡住，所以在下一个图形中它会移动到左下角。黑色圆点在左上角和右下角交替出现，所以它在下一个图形中会出现在左上角，故选B。

21. 只有D中的物体数量是奇数。

22. 图形内部最小的形状在后两个图形中变为外部最大的图形，并且同时会从带阴影的图形变为空白图形。所以下一个图形应该是一个大的空白正方形。

23. 在A中，内部图形的边框数量比外部图形的边框数量多。

24. 阴影部分上下移动。小白圆形在图形4个角逆时针移动，并在图3和图4中被阴影部分遮挡。在下一个图形中，阴影部分会移动到下方，小白圆形移动到图形的右上角，故选C。

25. E中的线条由两个角出发。

26. 带阴影的三角形每次逆时针移动1/4圈。白色三角形每次上下移动一次，当它与带阴影的三角形移动到同一位置时，会被遮挡住，故选B。

27. B中带阴影的圆形比其他形状多，而在其他图形中，它们可能数量相当或圆形更少。

28. 在图形1中，白色的“遮挡物”在顶部，之后它会以每个图形移动1/4圈的频率旋转，所以在下一个图形中它如图1一样会回到顶部。带阴影的圆形每两个图形换一次位置，从图1和图2中的左下方移动至图3和图4 中的右上方，所以在下一个图形中它又会移动至左下方，所以答案是B。答案不可能是D，因为如果有两个带阴影的圆形，图2会有所显示，同时也因为如果该圆形显示出来了，那么此图形中便没有“遮挡物”。

29. 图形C中的线段分组为4条和1条，而其他图形中线段的分组均为3条和2条。

30. 图形中两条线段像指针一样移动，一条每次逆时针移动1/8圈，另一条每次顺时针移动1/4圈，故选D。

31. 在图形E中，两个内部图形都是由一小一大两个部分组成的，小的部分面朝大的部分，并且被它包裹着，而其他图形则不然。

32. 图形B有6个黑点，而其他图形中有7个黑点。

第二部分

抽象数值测试

这一部分中的两个测试都不需要你精通算法或数学，其中设置的数字仅仅用于产生联系。虽然你需要熟悉数字运算的基本法则——加、减、乘、除，但若要理解更加宏观且概念性更强的问题，如这些数字的内在联系，则这一部分对人的运算能力的要求很低。这一部分测试的是在评估事物比例、做出比较性判断以及在知晓应当添加或替换其中一部分时，如何保持其完整性和平衡性的能力。擅长此类测试可能表明你拥有较强的数学潜力，在那些看中数据评估和评析数据意义的工作中，这种能力尤为重要。

测试4，推理测试。此测试需要你从选项信息中发现与原信息中相同的规律，而这两种信息是不同的。你必须识别出原信息中的要素，而这种要素可能在选项中也会出现。在这之后，你需要检验和证明你的假设。擅长确定相关性、排除非相关性的人才可以在需要熟练掌握定量问题研究的工作中大放异彩，此类工作包括高级财务和经济领域内的工作。

测试5，插值法测试。此测试与测试4相似，都是研究抽象的、与数字相关的可能性问题。但在测试4中，你必须考虑到所有的方面才能解决问题，而插值法测试中的问题明显更具逻辑性和序列性，你必须考虑整体问题中的每个部分，以及各部分之间以何种关系构成了整体，或找出那些可以使等式成立的缺失元素。同样，此测试可以评估人们在数学方面的潜力，若你在本测试中的成绩高于语言测试成绩，则说明你可能适合那些需要你拥有数学基础的职业。

第4章
推理测试

找出与题目中一组数字对应关系相同的答案。题目中的某一对数字可能会与4个答案中的一对数字有关，你必须将其找出。你如果找不出任何与题目形成对应关系的选项，就选择e。

示例1

1：2

a. 1：1　　b. 2：1　　c. 3：2　　d. 3：7　　e. 无

示例1解析：正确答案是b。题目中一组数字中的一个数字是另一个数字的一半：1是2的一半，2是1的2倍。b中数字的对应关系与之相同。数字调换顺序并不影响你做出判断。

在下一个示例中，请首先观察题目中的第一组数字4：2，然后在答案中寻找是否有与之对应关系一致的一组数字。若没有，观察题目中的第二组数字9：3，然后再次寻找正确答案。也许两组数字都找不到与之对应关系一致的答案，在这种情况下，请选择e。

示例2

4：2　　9：3

a. 1：4　　b. 2：7　　c. 3：2　　d. 1：3　　e. 无

示例2解析：正确答案是d。因为1：3的对应关系与9：3的对应关系一致——在每一组数字中，较大数值都是较小数值的三倍，调换数字顺序并无影响。一组数字中两个数值的对应关系可能以不同的形式呈现，但也可能出现题目中数值的对应关系与选项中数值的对应关系毫无关系的情况，这种情况下选择“无”选项。

示例3

4：16

a. 2：1　　b. 3：7　　c. 1：2　　d. 4：1　　e. 无

示例4

3：12　　9：3

a. 4：5　　b. 1：7　　c. 1：5　　d. 6：4　　e. 无

示例3的答案是d。因为4：1与4：16的对应关系一致。示例4的答案是e。因为在选项中找不出任何一组与题目中某组数字对应关系一致的答案。

你在做测试题时，要快速并准确作答。顺序并非固定，你可按任意顺序作答，但越往后试题会越难。如果本书非你个人所有，请不要在此做标记，你可在草稿纸上列出答案和解题过程。如果希望进行能力评估，请记录你在10分钟内所答的题目；如果无须测评，则不用计时，答完即可。

限时：10分钟

1.　1：2

a. 2：2　　b. 6：1　　c. 1：8　　d. 1：2　　e. 无

2. 1∶3

a. 3∶1　b. 1∶6　c. 2∶1　d. 5∶4　e. 无

3. 4∶8

a. 3∶4　b. 8∶4　c. 5∶5　d. 3∶3　e. 无

4. 6∶3

a. 3∶2　b. 4∶9　c. 5∶4　d. 2∶2　e. 无

5. 2∶1

a. 7∶8　b. 1∶1　c. 4∶2　d. 6∶5　e. 无

6. 2∶3

a. 1∶3　b. 7∶1　c. 4∶6　d. 9∶3　e. 无

7. 5∶1

a. 1∶6　b. 1∶10　c. 10∶9　d. 15∶3　e. 无

8. 14∶7

a. 12∶10　b. 2∶14　c. 8∶3　d. 3∶9　e. 无

9. 3∶6　1∶3

a. 1∶2　b. 4∶1　c. 5∶1　d. 3∶3　e. 无

10. 1∶1　3∶3

a. 1∶6　b. 3∶4　c. 2∶9　d. 4∶4　e. 无

11. 2∶4　4∶1

a. 4∶5　b. 3∶3　c. 1∶5　d. 7∶3　e. 无

12. 3∶2　2∶8

a. 1∶5　b. 4∶1　c. 9∶1　d. 1∶11　e. 无

13. 12∶6　10∶2

a. 3∶1　b. 5∶1　c. 1∶4　d. 4∶1　e. 无

14. 26 : 13　15 : 3

a. 3 : 1　b. 1 : 6　c. 2 : 1　d. 5 : 4　e. 无

15. 16 : 8　24 : 8

a. 1 : 4　b. 3 : 4　c. 5 : 1　d. 1 : 3　e. 无

16. 4 : 20　9 : 18　6 : 36

a. 6 : 2　b. 4 : 5　c. 6 : 1　d. 2 : 20　e. 无

17. 15 : 3　6 : 24　5 : 10

a. 7 : 2　b. 3 : 1　c. 5 : 2　d. 6 : 1　e. 无

18. 100 : 50　27 : 9　32 : 8

a. 10 : 3　b. 5 : 1　c. 2 : 16　d. 9 : 3　e. 无

19. 12 : 2　13 : 2　4 : 8

a. 1 : 6　b. 1 : 4　c. 2 : 2　d. 1 : 3　e. 无

20. 24 : 3　15 : 6　4 : 28

a. 12 : 2　b. 14 : 2　c. 8 : 3　d. 3 : 10　e. 无

21. 3 : 4　9 : 3　1 : 3　8 : 4

a. 1 : 2　b. 1 : 4　c. 1 : 5　d. 6 : 10　e. 无

22. 9 : 3　5 : 23　4 : 21　2 : 24

a. 1 : 4　b. 5 : 3　c. 12 : 9　d. 12 : 2　e. 无

23. 9 : 5　6 : 4　13 : 8　15 : 9

a. 4 : 2　b. 3 : 1　c. 1 : 4　d. 3 : 7　e. 无

24. 6 : 20　30 : 7　23 : 3　22 : 2

a. 6 : 1　b. 1 : 4　c. 5 : 1　d. 3 : 33　e. 无

25. 15 : 9　24 : 20　7 : 35　11 : 10

a. 12 : 4　b. 8 : 64　c. 10 : 2　d. 1 : 1　e. 无

26. 100 : 10　11 : 111　7 : 70　35 : 7

a. 1 : 11　b. 5 : 1　c. 7 : 1　d. 10 : 11　e. 无

27. 4 : 6　9 : 5　14 : 2　16 : 14

a. 7 : 8　b. 12 : 6　c. 1 : 2　d. 7 : 6　e. 无

28. 16 : 3　24 : 5　44 : 10　36 : 3

a. 5 : 12　b. 11 : 4　c. 5 : 1　d. 12 : 1　e. 无

29. 100 : 11　8 : 88　27 : 3　128 : 16

a. 8 : 1　b. 10 : 1　c. 22 : 1　d. 32 : 2　e. 无

30. 51 : 6　126 : 18　38 : 3　28 : 4

a. 14 : 1　b. 24 : 8　c. 15 : 3　d. 17 : 2　e. 无

31. 14 : 3　19 : 6　11 : 32　17 : 26

a. 6 : 3　b. 7 : 3　c. 7 : 2　d. 3 : 4　e. 无

32. 13 : 12　10 : 9　9 : 8　8 : 11

a. 96 : 104　b. 60 : 52　c. 128 : 256　d. 48 : 45　e. 无

33. 3 : 5　4 : 3　7 : 4　9 : 5

a. 54 : 48　b. 16 : 20　c. 66 : 44　d. 28 : 16　e. 无

34. 512 : 128　444 : 333　99 : 297　153 : 68

a. 12 : 20　b. 63 : 21　c. 8 : 13　d. 17 : 11　e. 无

35. 13 : 11　39 : 55　66 : 26　52 : 99　165 : 110

a. 54 : 26　b. 14 : 4　c. 16 : 24　d. 15 : 12　e. 无

36. 17 : 8　19 : 13　21 : 20　39 : 43　29 : 19

a. 88 : 178　b. 4 : 7　c. 48 : 95　d. 95 : 145　e. 无

答案

1. d	7. d	13. b	19. a	25. c	31. e
2. a	8. e	14. c	20. b	26. b	32. a
3. b	9. a	15. d	21. a	27. a	33. d
4. e	10. d	16. c	22. e	28. d	34. b
5. c	11. e	17. e	23. e	29. a	35. c
6. c	12. b	18. d	24. d	30. d	36. d

得分

正确个数－错误个数＝______

16岁以下测试人员的分值加3，17～20岁测试人员的分值加1。＋______

测试得分＝______

按照以下表格将你的分数转换成10分制，或称为“标准10分”的分数，随即将“标准10分”的分数填入附表1（见244页）中。

测试得分	1～5	6～9	10～13	14～17	18～20
标准10分	1	2	3	4	5
测试得分	21～23	24～26	27～28	29～30	31+
标准10分	6	7	8	9	10

解析

1. 1∶2=1∶2	10. 1∶1=4∶4	19. 12∶2→1∶6	28. 36∶3=12∶1
2. 1∶3→3∶1	11. 无	20. 4∶28→14∶2	29. 128∶16=8∶1
3. 4∶8→8∶4	12. 2∶8→4∶1	21. 8∶4→1∶2	30. 51∶6=17∶2
4. 无	13. 10∶2=5∶1	22. 无	31. 无
5. 2∶1=4∶2	14. 26∶13=2∶1	23. 无	32. 13∶12→96∶104
6. 2∶3=4∶6	15. 24∶8→1∶3	24. 22∶2→3∶33	33. 7∶4=28∶16
7. 5∶1=15∶3	16. 6∶36→6∶1	25. 7∶35→10∶2	34. 99∶297→63∶21
8. 无	17. 无	26. 35∶7=5∶1	35. 165∶110→16∶24
9. 3∶6=1∶2	18. 27∶9=9∶3	27. 16∶14→7∶8	36. 29∶19→95∶145

第5章
插值法测试

在此测试中，你会看到一系列有某种联系的数字，横排数字互相关联，并且上下数字也有联系。缺失数字的地方会用间隔符号（–）来代替，某个数字被“?”代替。你需要从给出的信息中推断出可以替换“?”的数字。

示例1

1	–	3	?
–	4	6	8

答案 4

最合乎逻辑的答案是4，因为数字2可以填补间隔符号（–），所以填入数字4合乎1、2、3、4的顺序。同时，4是8的一半，而3也是6的一半，并且2和4、1和2也都存在这样的对应关系。所以数字4可以使数列组合合乎逻辑：

1	2	3	4
2	4	6	8

示例2

1	–	9	?
2	6	–	54

答案 27

下面一行数字始终是上面对应数字的两倍。此外，从左到右，每个数字都乘3得到其右边的数字。

1	3	9	27
2	6	18	54

找出可以填补间隔符号（–）的数字能帮助你找出问号所代表的数字。你在做测试题时，要快速且准确作答。顺序并非固定，你可按任意顺序作答，但越往后试题会越难。如果本书非你个人所有，请不要在此做标记，你可在草稿纸上列出答案和解题过程。如果你希望进行能力评估，请记录你在8分钟内所答的题目；如果无须测评，则不用计时，答完即可。

限时：8分钟

1.	4	3	2	?		
	4	–	2	1		答案
2.	2	4	6	–		
	4	?	12	16		答案
3.	1	?	5	7	–	
	–	6	–	–	18	答案
4.	–	–	8	4	?	
	64	32	–	–	4	答案
5.	2	3	?	–	13	
	–	–	5	8	13	答案
6.	3	6	9	12		
	9	?	–	36		答案

7.	25	16	9	4			
	–	4	?	2			答案
8.	3	7	?	–			
	4	8	16	32			答案
9.	7	12	22	–	82		
	–	4	9	19	?		答案
10.	13	14	16	?	28		
	1	–	4	–	16		答案
11.	3	7	16	35	?		
	1	2	3	–	5		答案
12.	11	14	–	?			
	33	42	60	87			答案
13.	3	6	5	8	7	–	
	7	11	11	15	15	?	答案
14.	?	5	7	12	–		
	3	–	8	13	21		答案
15.	4	5	8	10	?	20	
	10	8	20	16	40	–	答案
16.	3	7	5	?	7	11	
	–	4	2	4	2	–	答案
17.	5	10	7	12	–		
	10	30	?	60	54		答案
18.	6	13	20	–	34		
	?	24	37	–	63		答案

19.	0	5	3	13	11	?	
	5	–	10	2	20	–	答案
20.	13	?	22	31	53		
	78	45	–	93	–		答案

答案

1. 1	6. 18	11. 74	16. 9
2. 8	7. 3	12. 29	17. 28
3. 3	8. 15	13. 19	18. 11
4. 2	9. 39	14. 2	19. 31
5. 5	10. 20	15. 16	20. 9

得分

正确个数 – 错误个数 = ______

16岁以下测试人员的分值加2，17～20岁测试人员的分值加1。+ ______

测试得分 = ______

按照以下表格将你的分数转换成10分制，或称为“标准10分”的分数，随即将“标准10分”的分数填入附表1（见244页）中。

测试得分	1～2	3	4～5	6	7～8
标准10分	1	2	3	4	5
测试得分	9	10～12	13	14～15	16+
标准10分	6	7	8	9	10

解析

1.上下行对应数字一样。

2.下行数字是上行对应数字的两倍。

3.上行数字从左到右每一个加2得到下一个数字，下行数字是上行对应数字的两倍。

4.上行数字是下行对应数字的一半。

5.上下行对应数字一样。每行中，每个数字是其前两个数字相加的结果。

6.下行数字是上行对应数字的3倍。

7.下行数字自乘（平方）后得到上行对应数字。

8.上行数字比下行对应数字少1。上行中每个数字都由前一个数字和本数字下面对应数字相加而得。

9.上行中每个数字都是由前一个数字乘2再减2所得。下行中每个数字都是由前一个数字乘2再加1所得。每行中的数字从左到右增长的数值分别为5、10、20，以此类推。

10.上行数字中从左到右每两个相邻数字的差值都是由这两个数字之前的两个数字的差值乘2得到的，此规律也适用于下行数字。

11.下行数字是一个递增的序列，缺失的数字是4。上行每个数字都是前一个数字乘2再加1、乘2再加2、乘2再加3和乘2再加4所得。上下两行数字没有明显的联系。

12.下行数字是上行对应数字的3倍。上行每个数字从左到右增长的数值为3、6、9等。

13.上行中有两种运算规律，一种是前一个数字加3得到后一个数字，另一种是前一个数字减1得到后一个，这两种运算规律交替发生。下行中同样有两种交替发生的运算规律，一种是上行数字乘2再加1得到下行对应数字，另一种是上行数字乘2再减1得到下行对应数字。

14. 下行中每个数字是其前两个数字之和。

15. 上行数字依次乘2再加2再除以2，乘2再减2，乘2再加4再除以2，乘2再减4得到下一个数字。

16. 上行每个数字和后一个数字的差值与后者对应的下行数字相同。

17. 上行每个数字依次乘2、3、4、5和6得到下行对应数字。

18. 上行数字乘2再减1、减2、减3等得到下行数字。

19. 上下行第一组数字相加得到上行第2个数字，此数字减2得到上行第3个数字。此规律延续，上下行第3个数字相加得到上行第4个数字，此数字减2得到上行第5个数字。上下行第5个数字相加得到上行第6个数字。

20. 上行数字分别乘6、5、4、3和2得到下行对应数字，所以下行缺失的数字是88和106。

第三部分

抽象语言测试

正如抽象数值测试要求被测试者掌握计算方法和理解数字运算法则，抽象语言测试需要被测试者理解词语的意思，并且了解它们是如何组成句子并表达含义的。理解单个词语并不困难，但随着测试的进行，被测试者正确理解语句所表达的含义变得越来越困难。被测试者需要对信息做出评估，确保既不会受到错误信息的干扰，也不会凭空产生某种假设。这类语言测试比其他任何类型的测试都更具迷惑性，因为词语拥有多种含义，而我们所有人都会被歪曲的信息迷惑，不管这些信息的产生是否是人们故意为之的。

测试6和测试7类似，都是测试人们基本的演绎推理能力的。需要特别注意的是，你需要通过间接获取的信息（从其他线索推理出的结果）来做出合理的判断。要想成功通过这项测试，被测试者确实需要拥有一种“侦查能力”。组织机构也确实会用到有关演绎推理能力的测试6的“真”题来选出具有强大推理能力的高管。申请公共行政高级职位和想要进入商学院学习的人员也需要通过与之相似的能力测试。测试分析能力的测试7也具有同样的要求，但这项测试专为仍在上学的人设计。

成功通过抽象语言测试可以准确地反映出被测试者的“学习”潜力，特别是那些同时在抽象数值测试中取得成功的人。擅长抽象语言测试的人通常善于沟通，并且在管理和其他形式的对话中都能够处理得当。

第6章
演绎推理测试

此测试需要你从给出的信息中推理出结论。有时信息可能不全，但足够你依此做出推断。

请仔细阅读以下完整示例。在查看答案之前，请首先尝试自行解决，在你认为正确的答案上画圈。请备好草稿纸以便做运算。

示例

布莱克先生、索尔先生和哈代先生乘公共汽车去上班，而琼斯先生和彼得斯先生则乘坐火车。布莱克先生和索尔先生都走了一段路。索尔先生、彼得斯先生和哈代先生都有季票。

（1）谁有季票，也走了路？

a.布莱克先生　　b.索尔先生　　c.哈代先生

d.琼斯先生　　e.彼得斯先生　　f.不确定

（2）谁没有季票，也没有走路？

a.布莱克先生　　b.索尔先生　　c.哈代先生

d.琼斯先生　　e.彼得斯先生　　f.不确定

（3）谁乘公共汽车上班，但没有季票？

a.布莱克先生　　b.索尔先生　　c.哈代先生

d.琼斯先生　　e.彼得斯先生　　f.不确定

（4）有多少人没有季票也没有走路？

a. 1个　　b. 2个　　c. 3个

d. 4个　　e. 5个　　f. 不确定

（5）谁住在离公交车站最近的地方？

a. 布莱克先生　　b. 索尔先生　　c. 哈代先生

d. 琼斯先生　　e. 彼得斯先生　　f. 不确定

答案：（1）b. 索尔先生；（2）d. 琼斯先生；（3）a. 布莱克先生；（4）a. 1个；（5）f. 不确定。

我们可以通过将提供的信息做成表格或图表的形式来解决此类问题。你不必记住所有信息，而是可以将它们记录在备用草稿纸上。示例信息可绘制成如下表格：

布莱克	索尔	哈代	琼斯	彼得斯
公共汽车	公共汽车	公共汽车	火车	火车
走路	走路			
	季票	季票		季票

以下是几组试题，请勾选出你认为正确的答案。顺序非固定，你可按任意顺序作答，但越往后试题会越难。如果本书非你个人所有，请不要在此做标记，你可在草稿纸上列出答案和解题过程。如果希望进行能力评估，请记录你在20分钟内所答的题目；如果无须测评，则不用计时，答完即可。

限时：20分钟

A. 三名兼职员工中，玛丽·波特的工作时间比弗雷德·鲁比的长，贝蒂·辛普森的工作时间比玛丽·波特的长。

1. 谁的工作时间最长？

a.玛丽·波特　b.弗雷德·鲁比　c.贝蒂·辛普森　d.不确定

B. 弗兰克和约翰在工作中使用电脑。加里、约翰和弗兰克是自主创业人员。弗兰克和杰克从事兼职工作，而其他人都是全职工作。只有杰克和约翰从事保险工作。

2.谁使用电脑从事保险全职工作？

a.弗兰克　b.约翰　c.杰克　d.加里　e.不确定

3.谁不从事保险工作且没有电脑？

a.弗兰克　b.约翰　c.杰克　d.加里　e.不确定

4.谁是唯一一个自主创业且从事兼职工作的人？

a.弗兰克　b.约翰　c.杰克　d.加里　e.不确定

C.一栋三层楼里有不同的企业：建筑设计公司在顶层，房地产商在旅行社下层，会计师事务所和房地产商在出版商上层，旅行社和汽车租赁公司在同一楼层，在出版商和汽车租赁公司之间的楼层有一家侦探事务所。

5.哪家企业单独占据底层？

a. 建筑设计公司　b.房地产商　c.旅行社

d.会计师事务所　e.出版商　f.汽车租赁公司

g.侦探事务所　h.不确定

6.哪家企业占地面积最大？

a. 建筑设计公司　b.房地产商　c.旅行社

d.会计师事务所　e.出版商　f.汽车租赁公司

g.侦探事务所　h.不确定

7.在下列企业中，哪些与会计师事务所处于同一楼层？

a.建筑设计公司　b.房地产商　c.旅行社

d.会计师事务所　e.出版商　f.汽车租赁公司

g.侦探事务所　h.不确定

D.萨莉、谢里尔、劳拉、汤姆和桑迪总是进行商务旅行。他们中4人有中国签证；除了谢里尔和汤姆之外，所有人都有俄罗斯签证；谢里尔唯一拥有的是巴基斯坦签证，而只有萨莉和桑迪没有此国签证。

8.谁只有中国和巴基斯坦的签证？

a.萨莉　b.谢里尔　c.劳拉

d.汤姆　e.桑迪　f.不确定

9.谁拥有最多的签证？

a.萨莉　b.谢里尔　c.劳拉

d.汤姆　e.桑迪　f.不确定

10.谁最常旅行？

a.萨莉　b.谢里尔　c.劳拉

d.汤姆　e.桑迪　f.不确定

11.拥有同样签证的两个人是谁？

a.萨莉　b.谢里尔　c.劳拉

d.汤姆　e.桑迪　f.不确定

12.此小组共有多少签证？

a. 4　b. 5　c. 6　d. 7　e. 8

f. 9　g. 10　h. 11　i. 12　j. 13

k. 14　　l. 15　　m. 16　　n. 17

13. 哪个国家被访的次数最多？

a. 巴基斯坦　　b. 俄罗斯　　c. 中国　　d. 不确定

E. 有3名运动员在3种不同的比赛项目中，每个人分别获一、二、三名（即不存在一名运动员在不同项目所取名次相同）。已知安妮或乔茜取得网球比赛第二名；安妮投掷标枪取得的名次和乔茜游泳比赛所取名次相同；塔尼亚取得游泳比赛第一名，她参加标枪项目取得的名次与乔茜在网球比赛中和安妮在游泳比赛中取得的名次相同。

14. 谁取得了网球比赛第一名？

a. 安妮　　b. 乔茜　　c. 塔尼亚　　d. 不确定

15. 谁最擅长标枪？

a. 安妮　　b. 乔茜　　c. 塔尼亚　　d. 不确定

16. 谁取得游泳比赛第二名？

a. 安妮　　b. 乔茜　　c. 塔尼亚　　d. 不确定

F. 多普勒蝴蝶仅分布在包括印度、泰国、日本、马来西亚和柬埔寨在内的亚洲国家以及包括巴西、阿根廷、智利和秘鲁在内的南美国家中的非森林地区。巴西的多普勒蝴蝶十分罕见，它们拥有长长的黑色翅膀；亚洲的多普勒蝴蝶的翅膀则短得多，颜色为橙色；智利的多普勒蝴蝶只有红色翅膀，并且保留了南美多普勒蝴蝶翅膀的形状特色。

17. 哪个国家的蝴蝶不太可能有长长的翅膀？

a. 墨西哥　　b. 智利　　c. 阿根廷

d. 巴西　　e. 印度　　f. 不确定

18. 拥有橙色翅膀，以森林为栖息地的多普勒蝴蝶最有可能出现在以下哪个国家？

a. 智利　　b. 德国　　c. 泰国

d. 澳大利亚　　e. 不确定

19. 拥有细长翅膀，以沙漠为栖息地的多普勒蝴蝶最有可能出现在以下哪个国家？

a. 泰国　　b. 印度　　c. 日本

d. 澳大利亚　　e. 阿根廷　　f. 不确定

20. 紫色翅膀的多普勒蝴蝶最有可能出现在以下哪个国家？

a. 法国　　b. 印度　　c. 日本

d. 柬埔寨　　e. 秘鲁　　f. 不确定

G. 家住特兰顿公园的杰夫从中央车站乘坐17 : 45分的火车回家；罗娜尽可能地避免乘坐公共交通工具，但会陪伴杰夫一同走到车站，之后她便会开车回到位于汉普顿的家，车程15分钟，与乘坐火车的时间完全一样；萨姆同杰夫一样，也从中央车站乘火车回家，但为了避免高峰期，他选择乘坐17 : 15的那班火车；他们的同事贝拉喜欢乘坐火车，所以经常与萨姆一起坐火车到位于汉普顿的家，萨姆则继续乘车至位于纳特利的老家，其路程是贝拉的3倍；贝拉到达汉普顿1小时15分钟后杰夫到家。

21. 谁的旅程可能是最长的？

a. 杰夫　　b. 罗娜　　c. 萨姆　　d. 贝拉　　e. 不确定

22. 谁最有可能先到家？

a. 杰夫　b. 罗娜　c. 萨姆　d. 贝拉　e. 不确定

23. 除了杰夫之外，谁最有可能坐火车？

a. 杰夫　b. 罗娜　c. 萨姆　d. 贝拉　e. 不确定

24. 谁从不乘坐火车？

a. 杰夫　b. 罗娜　c. 萨姆　d. 贝拉　e. 不确定

25. 纳特利和特兰顿之间的车程有多少分钟？

a. 30　b. 15　c. 20　d. 10　e. 5

f. 45　g. 不确定

答案

1. c	6. h	11. a/e	16. a	21. a
2. b	7. b/g	12. g	17. e	22. d
3. d	8. d	13. d	18. c	23. c/d
4. a	9. c	14. a	19. e	24. e
5. e	10. f	15. b	20. f	25. b

得分

正确个数－错误个数＝______

16岁以下测试人员的分值加2，17～20岁测试人员的分值加1。＋______

测试得分＝______

按照以下表格将你的分数转换成10分制，或称为“标准10分”的分数，随即将“标准10分”的分数填入附表1（见244页）中。

测试得分	1 ~ 6	7 ~ 8	9 ~ 10	11 ~ 12	13 ~ 14
标准 10 分	1	2	3	4	5
测试得分	15 ~ 16	17	18	19	20+
标准 10 分	6	7	8	9	10

解析

A. 1

工作时长：玛丽>弗雷德

贝蒂>玛丽

所以：贝蒂>玛丽>弗雷德

B. 2 ~ 4

人名	使用电脑	自主创业	兼职	全职	保险工作
弗兰克	√	√	√		
约翰	√	√		√	√
加里		√		√	
杰克			√		√

C. 5 ~ 7

顶层：建筑设计公司（注意：旅行社在房地产商上一层）

会计师事务所和房地产商在出版商楼上（由于只有三层楼，因此房地产商一定在中层）。所以：

顶层：建筑设计公司　旅行社

中层：房地产商　会计师事务所

底层：出版商

旅行社和汽车租赁公司在同一层，所以：

顶层：建筑设计公司　旅行社　汽车租赁公司

中层：房地产商　会计师事务所

底层：出版商

侦探事务所所在楼层在出版商和汽车租赁公司之间（我们已知汽车租赁公司在顶层，而出版商在底层），所以：

顶层：建筑设计公司　旅行社　汽车租赁公司

中层：房地产商　会计师事务所　侦探事务所

底层：出版商

D. 8 ~ 13

人名	中国	俄罗斯	巴基斯坦
萨莉	√	√	
谢里尔			√
劳拉	√	√	√
汤姆	√		√
桑迪	√	√	

因为谢里尔只有巴基斯坦签证，那么其他 4 人一定有中国签证。

E. 14 ~ 16

塔尼亚取得游泳比赛第一名：

人名	游泳	网球	标枪
安妮			
乔茜			
塔尼亚	第一名		

塔尼亚在标枪比赛中所取得的名次与乔茜在网球比赛中和安妮在游泳比赛中取得的名次相同，所以一定是第二名或第三名。安妮或乔茜取得网球比赛第二名。乔茜和安妮都在游泳或网球比赛中取得第二名，所以只有塔尼亚可以取得网球比赛第三名：

人名	游泳	网球	标枪
安妮			
乔茜			
塔尼亚	第一名	第三名	

所以塔尼亚取得了标枪比赛第二名，而这也是安妮在游泳比赛和乔茜在网球比赛中所取得的名次。

人名	游泳	网球	标枪
安妮	第二名		
乔茜		第二名	
塔尼亚	第一名	第三名	第二名

所以乔茜在游泳比赛中取得第三名，剩下的空格也可以填补出来了。

人名	游泳	网球	标枪
安妮	第二名	第一名	第三名
乔茜	第三名	第二名	第一名
塔尼亚	第一名	第三名	第二名

F. 17 ~ 20

地区	国家	数量	翅膀颜色	翅膀长度
亚洲				

续表

地区	国家	数量	翅膀颜色	翅膀长度
	印度		橙色	较短
	泰国		橙色	较短
	日本		橙色	较短
	马来西亚		橙色	较短
	柬埔寨		橙色	较短
南美洲				
（非森林地）	巴西	稀少	黑色	较长
	阿根廷			较长
	智利		红色	较长
	秘鲁			较长

G. 21 ~ 25

人名	17 : 15的火车	走路	17 : 15的汽车	17 : 45的火车	距汉普顿路程	距纳特利路程	距特兰顿路程
杰夫		√		√			60分钟
罗娜		√	√		15分钟		
萨姆	√					45分钟	
贝拉	√				15分钟		

注：萨姆的路程是贝拉的路程的3倍。杰夫在贝拉到家1个小时15分钟后到家，而贝拉比杰夫早乘车半小时。

第7章
分析测试

此测试可以衡量你从给出的信息推理出合理结论的能力。你会获得足够的信息来分析出正确答案。你不能利用任何先前的经验或你认为可能有关的信息来得出结论。题目中会给出一些事实，之后便是问题和选项，你要勾选出带有正确答案的选项。

示例1

纽波特市位于弗拉特匹克市以西，但并没有戴布瑞吉市那么靠西。

哪个市位于最东方？

a. 纽波特　　b. 戴布瑞吉　　c. 弗拉特匹克

答案不可能是a，因为纽波特位于弗拉特匹克以西。答案也不可能是b，因为戴布瑞吉更靠西，所以弗拉特匹克一定位于戴布瑞吉以东。故答案是c。

示例2

弗雷德、麦克和约翰每人有两辆不同的车。他们之中有一人没有福特汽车。只有麦克拥有一辆法拉利。约翰有一辆福特汽车。弗雷德和麦克都拥有别克汽车。

谁拥有一辆劳斯莱斯？

a. 弗雷德　　b. 麦克　　c. 约翰

答案是c。答案不可能是a，因为弗雷德拥有一辆福特和一辆别克。答案也不可能是b，因为麦克拥有一辆法拉利和一辆别克。

由于有时你需要处理大量的信息，我们建议你准备一张草稿纸，在必要时可以用来记笔记或做出示意图。如下表格通常可以帮助你解决问题。

品牌	弗雷德	麦克	约翰
法拉利			
福特			
别克			
劳斯莱斯			

你需要准备草稿纸和铅笔以备记录。如果本书非你个人所有，请不要在此做标记，你可在草稿纸上列出答案和解题过程。如果希望进行能力评估，请记录你在15分钟内所答的题目；如果无须测评，则不用计时，答完即可。

限时：15分钟

A.埃玛住在比简更靠上一点儿的山坡上，保利娜住在比埃玛更靠上一点儿的山坡上。

1.谁住在最靠上的山坡上？

a. 埃玛　　b. 简　　c. 保利娜

B.所有女孩都喜欢运动。苏和乔茜喜欢网球，萨莉和安妮喜欢跑步。苏和安妮喜欢游泳。

2. 谁喜欢网球和游泳？

a. 苏　b. 乔茜　c. 萨莉　d. 安妮

3. 谁喜欢游泳和跑步？

b. 苏　b. 乔茜　c. 萨莉　d. 安妮

C. 埃弗顿先生和索姆斯先生比弗兰克先生拥有更长的假期。波特先生的假期比弗兰克先生的短，而彼得斯先生的假期比弗兰克先生的长。

4. 谁拥有的假期最短？

a. 埃弗顿先生　b. 索姆斯先生　c. 弗兰克先生

d. 波特先生　e. 彼得斯先生

D. 托比、罗布和弗兰克都在海边度假，而萨姆、乔和托尼则去了山间徒步旅行。弗兰克、萨姆和乔乘坐飞机。乔、罗布和托尼对自己的假期不满意。

5. 谁去了海边并且对假期不满意？

a. 托比　b. 罗布　c. 弗兰克

d. 萨姆　e. 乔　f. 托尼

6. 谁没有乘坐飞机并且去徒步旅行？

a. 托比　b. 罗布　c. 弗兰克

d. 萨姆　e. 乔　f. 托尼

E. 一个旅行公司提供的假期旅行由最不受欢迎到最受欢迎的地点分别是东京、佛罗里达、罗马和巴黎，虽然一年四季罗马都非常受欢迎。在进行了一次市场宣传之后，东京比罗马更受欢迎了，但不如佛罗里达受欢迎。

7. 在进行了市场宣传后，去哪个城市旅行最受欢迎？

a. 东京　　b. 佛罗里达　　c. 罗马　　d. 巴黎

8. 在进行了市场宣传后，去哪个城市旅行最不受欢迎？

a. 东京　　b. 佛罗里达　　c. 罗马　　d. 巴黎

F. 弗雷德、乔、约翰和加思都有孩子。弗雷德和约翰只有儿子。约翰和乔坐公交车送孩子上学，而其他人由于离学校近可以走路送孩子上学。弗雷德和乔都有汽车，有时也会开车送孩子上学。

9. 谁有汽车，但通常坐公交车去学校？

a. 弗雷德　　b. 乔　　c. 约翰　　d. 加思

10. 谁没有汽车并且有一个女儿？

a. 弗雷德　　b. 乔　　c. 约翰　　d. 加思

G. 在一所博物馆里，现代雕塑展在水彩画展下一层。希腊陶器展在油画展上一层。顶层有意大利艺术系列展。水彩画展与南美艺术展在同一楼层，而油画展在现代雕塑展的下一层。

11. 最底层有什么展？

a. 现代雕塑展　　b. 水彩画展　　c. 希腊陶器展

c. 油画展　　e. 意大利艺术系列展　　f. 南美艺术展

12. 哪两个展在同一楼层？

a. 现代雕塑展和希腊陶器展　　b. 水彩画展和油画展

c. 油画展和南美艺术展　　d. 以上都不是

H.凯西、斯图尔特、里奇、比利和科林都买了自己的车。凯西和科林的车可以乘坐3个人外加他们自己。其他人的车仅有司机旁的一个位置。里奇和凯西的车前轮很好，而其他车上所有的轮胎都很危险。凯西和比利的车使用柴油燃料，而其他车使用汽油燃料。

13.谁的车使用柴油燃料并且可以乘坐3个人？

a. 凯西　b. 斯图尔特　c. 里奇

d. 比利　e. 科林

14.有几个人拥有危险轮胎的柴油车并且仅能乘坐一人？

a. 5　b. 4　c. 3

d. 2　e. 1　f. 无

15.谁的汽车仅能乘坐一人，但有好轮胎？

a. 凯西　b. 斯图尔特　c. 里奇

d. 比利　e. 科林

I.由于4个孩子每人只吃特定的食物，布思女士为他们准备食物时就很困难。沙伦和罗宾娜吃米饭和羊肉。只有凯利和沙伦喜欢吃面包和奶酪。凯利和萨姆都吃鸡肉和面包。

16.沙伦唯一不吃的是哪种食物？

a. 面包　b. 鸡肉　c. 羊肉

d. 米饭　e. 奶酪

17.谁吃奶酪、鸡肉和面包？

a. 沙伦　b. 凯利　c. 罗宾娜　d. 萨姆

18.谁不吃奶酪，但吃羊肉和米饭？

a. 沙伦　b. 凯利　c. 罗宾娜　d. 萨姆

19.哪种食物对大多数孩子来说是可以接受的?

a. 面包 b. 米饭 c. 羊肉

d. 奶酪 e. 鸡肉

J.马克斯先生和巴格肖先生的汽车都是黑色的，其他人的都是红色的。巴格肖先生和钱斯女士的汽车旁边都有一条白色的条纹。詹金斯小姐的汽车旁有一条蓝色的条纹。弗莱明先生和马克斯先生的汽车旁有银色的条纹。詹金斯小姐和弗莱明先生的车内装饰是蓝色的，而其他人的车内装饰是白色的。

20.谁的汽车拥有蓝色车内装饰和银色条纹?

a. 巴格肖先生 b. 詹金斯小姐 c. 钱斯女士

d. 弗莱明先生 e. 马克斯先生

21.谁的汽车拥有白色车内装饰和银色条纹?

a. 巴格肖先生 b. 詹金斯小姐 c. 钱斯女士

d. 弗莱明先生 e. 马克斯先生

22.谁的汽车是红色的并且有蓝色条纹和蓝色车内装饰?

a. 巴格肖先生 b. 詹金斯小姐 c. 钱斯女士

d. 弗莱明先生 e. 马克斯先生

K.在一场篮球“淘汰赛”里，百人队长队被突击者队击败。萨拉森人队击败了百人队长队。萨拉森人队被突击者队和阿兹特克队击败。百人队长队和突击者队被阿兹特克队击败。

23.萨拉森人队赢了几场比赛?

a. 1 b. 2 c. 3 d. 4 e. 0

24. 突击者队赢了几场比赛？

a. 1　b. 2　c. 3　d. 4　e. 0

25. 谁赢得了比赛？

a. 突击者队　b. 萨拉森人队　c. 阿兹特克队　d. 百人队长队

L. 在去学校的路上，5个孩子在路边的商店停下买东西。只有谢里尔和汤姆没有买巧克力。包括劳拉在内的4个孩子买了软糖。与其他人不同，萨莉、谢里尔和桑迪没有买太妃糖。事实上，谢里尔只买了水果口香糖，因为她不喜欢其他种类的糖果。

26. 谁只有一块太妃糖和一块软糖？

a. 萨莉　b. 谢里尔　c. 劳拉

d. 汤姆　e. 桑迪

27. 谁有3块糖？

a. 萨莉　b. 谢里尔　c. 劳拉

d. 汤姆　e. 桑迪

28. 哪两个人拥有同样种类和数量的糖果？

a. 萨莉和劳拉　b. 桑迪和劳拉　c. 劳拉和汤姆

d. 汤姆和桑迪　e. 桑迪和萨莉

29. 这5个孩子一共买了多少颗糖果？

a. 7　b. 8　c. 9

d. 10　e. 11　f. 12

M. 女孩子们简、雷切尔和特莎每人都穿着一件夹克、一件外套和一条短裙。衣服的颜色可能是蓝色、绿色或红色。三个人穿着的3

件衣物的颜色各不相同，并且女孩子们每人穿的同一款式的衣物颜色都不同。特莎的外套不是绿色的。雷切尔的夹克和简的短裙颜色一样。特莎的短裙是红色的。特莎的夹克、雷切尔的短裙和简的外套的颜色一样。

30. 特莎的外套是什么颜色？

a. 蓝色　　b. 绿色　　c. 红色

31. 简的夹克是什么颜色？

a. 蓝色　　b. 绿色　　c. 红色

32. 哪个女孩有绿色的外套？

a. 简　　b. 雷切尔　　c. 特莎

33. 哪个女孩有蓝色的夹克？

a. 简　　b. 雷切尔　　c. 特莎

答案

1. c	7. d	13. a	19. a	25. c	31. c
2. a	8. c	14. e	20. d	26. d	32. a
3. d	9. b	15. c	21. e	27. c	33. b
4. d	10. d	16. b	22. b	28. e	
5. b	11. d	17. b	23. a	29. d	
6. f	12. a	18. c	24. b	30. a	

得分

正确个数 − 错误个数 = ______

16岁以下测试人员的分值加4，17～20岁测试人员的分值加2。+ ______

测试得分＝______

按照以下表格将你的分数转换成10分制，或称为“标准10分”的分数，随即将“标准10分”的分数填入附表1（见244页）中。

测试得分	1～4	5～6	7～8	9～10	11～13
标准 10 分	1	2	3	4	5
测试得分	14～19	20～23	27～27	28～29	30+
标准 10 分	6	7	8	9	10

解析

A. 1

埃玛住在比简更靠上的地方

保利娜住在比埃玛更靠上的地方

所以：

保利娜

埃玛

简

B. 2～3

类别	苏	乔茜	萨莉	安妮
网球	√	√		
跑步			√	√
游泳	√			√

C.4

弗兰克　短于　埃弗顿/索姆斯

波特　短于　弗兰克

弗兰克　短于　彼得斯

D. 5 ~ 6

人名	海	徒步旅行	飞机	不喜欢
托比	√			
罗布	√			√
弗兰克	√		√	
萨姆		√	√	
乔		√	√	√
托尼		√		√

E. 7 ~ 8

之前从最不受欢迎到最受欢迎：东京　佛罗里达　罗马　巴黎

后来从最不受欢迎到最受欢迎：罗马　东京　佛罗里达　巴黎

F. 9 ~ 10

类别	弗雷德	乔	约翰	加思
男孩	√		√	
女孩		√		√
公交车		√	√	
由于近而走路	√			√
有汽车	√	√		
有时开车	√	√		

G. 11 ~ 12

根据描述可以推断出：

水彩画展	希腊陶器展	顶层意大利艺术系列展	水彩画展/南美艺术展	现代雕塑展
现代雕塑展	油画展			油画展

所以：

水彩画展/南美艺术展
现代雕塑展/希腊陶器展
油画展

注：想要回答这些问题，你不必知道意大利艺术展在什么地方。

H. 13 ~ 15

类别	凯西	斯图尔特	里奇	比利	科林
3个乘客	√				√
1个乘客		√	√	√	
好轮胎	√		√		
危险轮胎		√		√	√
柴油	√			√	
汽油		√	√		√

I. 16 ~ 19

类别	沙伦	凯利	罗宾娜	萨姆
米饭	√		√	
羊肉	√		√	
面包	√	√		√
奶酪	√	√		
鸡肉		√		√

J. 20 ~ 22

类别	马克斯	巴格肖	钱斯	詹金斯	弗莱明
黑色车	√	√			
红色车			√	√	√
白色条纹		√	√		
蓝色条纹				√	
银色条纹	√				√
蓝色车饰				√	√
白色车饰	√	√	√		

K. 23 ~ 25

（赢方在第一行）	突击者队	萨拉森人队	阿兹特克队	百人队长队
突击者队			赢	
萨拉森人队	赢		赢	
阿兹特克队				
百人队长队	赢	赢	赢	

L. 26 ~ 29

类别	萨莉	谢里尔	劳拉	汤姆	桑迪
巧克力	√		√		√
软糖	√		√	√	√
太妃糖			√	√	
水果口香糖		√			

M. 30～33

类别	简	雷切尔	特莎
夹克		×	√
外套	√		不是绿色
短裙	×	√	红色

×表示雷切尔的夹克和简的短裙是同一颜色。√表示特莎的夹克、雷切尔的短裙和简的外套是同一颜色。由于特莎的外套不是绿色，那么它一定是蓝色，所以特莎的夹克、雷切尔的短裙和简的外套是绿色的：

类别	简	雷切尔	特莎
夹克		×	绿色
外套	绿色		蓝色
短裙	×	绿色	红色

由于简已经有了一件绿色和一件红色的衣物，那么她的短裙一定是蓝色的，所以雷切尔的夹克也一定是蓝色的。简和雷切尔都有了蓝色和绿色的衣物，所以简的夹克和雷切尔的外套一定是红色的：

类别	简	雷切尔	特莎
夹克	红色	蓝色	绿色
外套	绿色	红色	蓝色
短裙	蓝色	绿色	红色

第四部分

物理测试

本部分中的测试代表了某一种测试类型，而职业心理学家已经成功地应用其进行测试。多年来，组织机构一直在挑选那些天生就能够理解机械作用中因果关系的人，以便正确处理这些关系。这些测试能够证明你拥有运用智慧实现目标的潜力。虽然你可以通过各种方法来发挥此领域中的才智，长期职业生涯的成功也依靠你的视觉和数字能力，但这些能力可以进一步补充和扩展你的潜力。

测试8，动力学测试。此测试有关机械问题和其他与力相关的问题。可能你乍一看它们感觉有些陌生，但如果你拥有解决这些问题的潜力，则无须拥有太多经验便可完成测试。这就是为什么这项测试在用来选出工程人员和其他类似职业人员时非常有效，尤其对于某些女性来说，她们相较于男性处于劣势，因为在传统教育中男性更容易接触到机械和力学。

测试9，追溯测试。此测试需要你拥有在不偏离问题核心的前提下追溯一种模式的能力。你必须拥有一项重要的能力，那就是保持专注力并拥有自制力。与测试8相比，如果你更擅长此测试，那么你很可能适合在电路、电子、图表和计算机硬件的原理图等工程和规划领域工作。

第8章
动力学测试

此测试可以反映出你对事物运作的理解。题目中会给出一个问题和一幅图，你回答问题所需的信息都包含在这幅图中。

示例

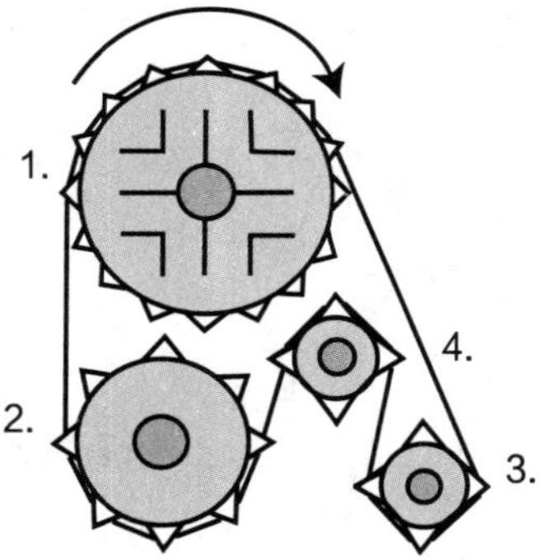

一条链子环绕着4个轮子——1、2、3和4，它们共同使大轮子1顺时针转动。那么哪一个轮子逆时针转动？

a. 1　　b. 2　　c. 3　　d. 4　　e. 无

答案是d。

本测试顺序非固定，你可按任意顺序作答。如果本书非你个人所有，请不要在此做标记，你可在草稿纸上列出答案和解题过程。如果希望进行能力评估，请记录你在10分钟内所答的题目；如果无须测评，则不用计时，答完即可。

限时：10分钟

1. 哪个球是最重的？

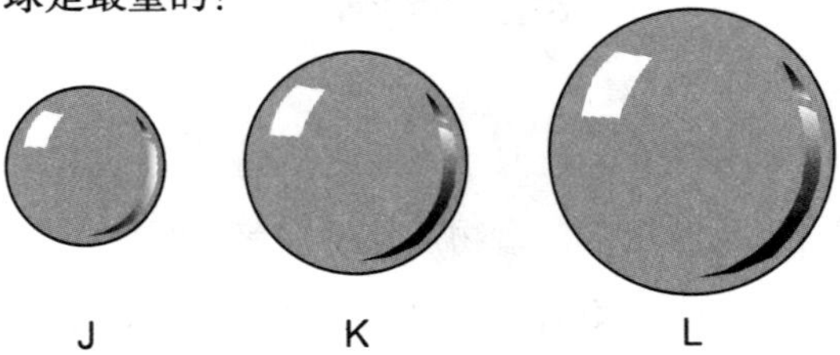

a. 同样重　b. L是最重的　c. 不确定　d. J是最重的

2. A、B和C，3个橡胶轮互相接触，一个轮子转动也会带动另两个轮子转动。如果A轮子顺时针转动，C轮子将怎样转动？

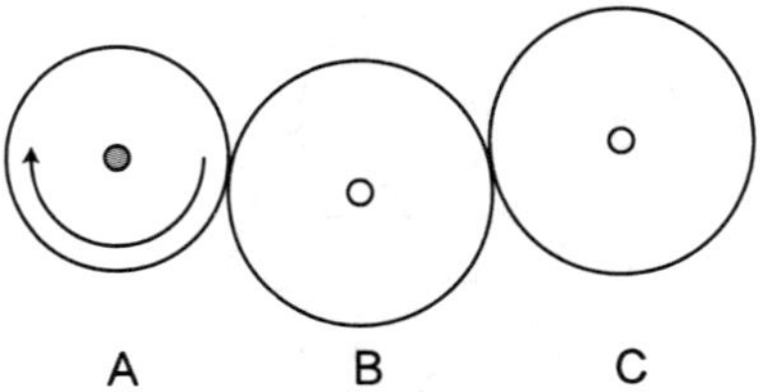

a. 逆时针转动　b. 所有轮子与它相同方向转动

c. 顺时针转动　d. 没有轮子会转动

3. 下图为水坝的一部分。水位在哪个点时水坝是最坚固的？

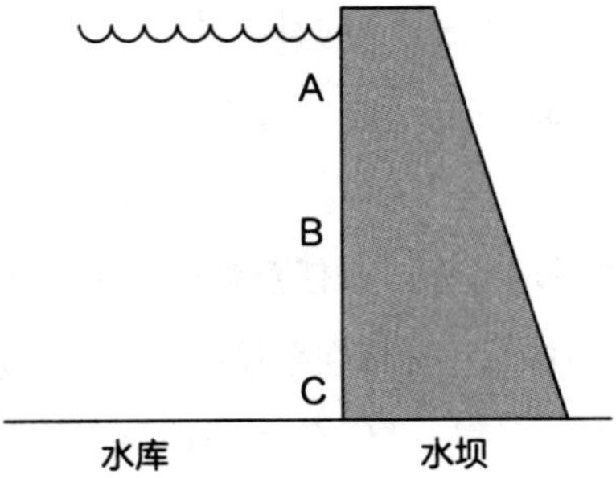

a. 在点A处　b. 在点B处　c. 在点C处　d. 都一样

4. 还是同一个水坝，水位在哪个点时水最凉？

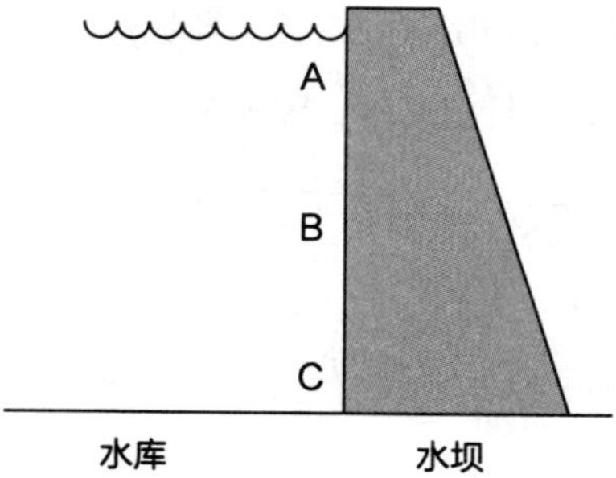

a. 在点A处　　b. 在点B处　　c. 在点C处　　d. 都一样

5. 图中的梁的一头是另一头的两倍厚，将哪一点放置在墙上并且摆好角度可以使它保持平衡？

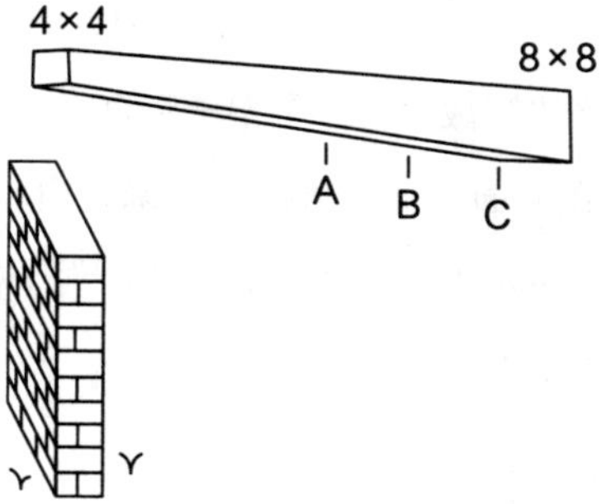

a. 点A　　b. 点B

c. 点C　　d. 两头都需要支撑

6. 当光线穿过透镜时，它向哪个方向折射？

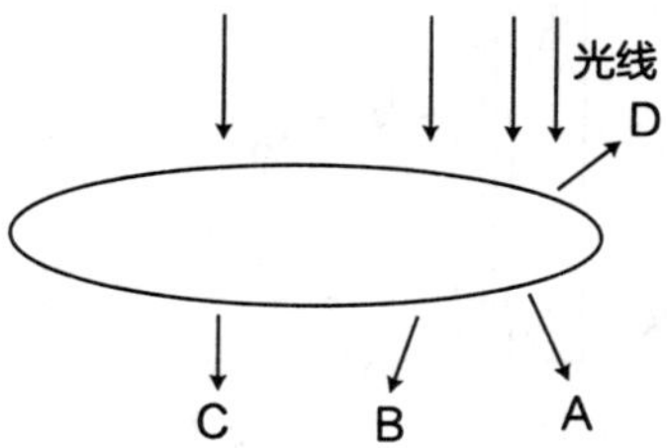

a.A　　b.B　　c.C　　d.D

7.一条传送带缠绕着所有的轮子，当驱动轮旋转时，所有轮子都会转动。当驱动轮顺时针旋转时，W轮怎样旋转？

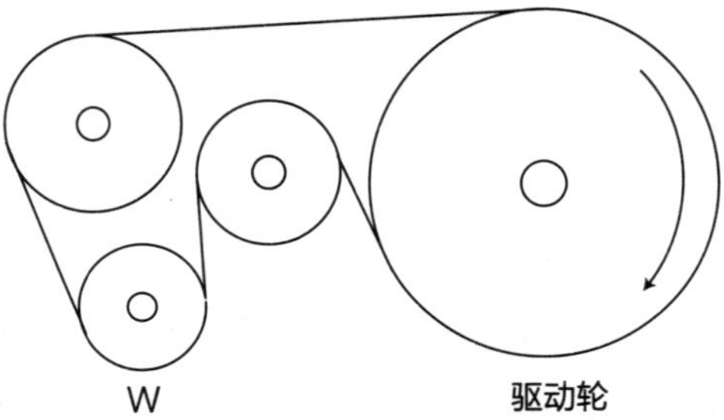

a. 顺时针　　b. 无法转动

c. 逆时针　　d. 两种方向都有可能

8.下图为一面墙的横截面，一个架子竖直靠在上面。架子可以通过一个枢纽竖直靠在墙面上，也可以放下来，由一条挂在A、B或C的绳子拉住点H来保持水平。当架子放下并由绳子拉住时，哪一个挂钩最不可能被拉出墙面？

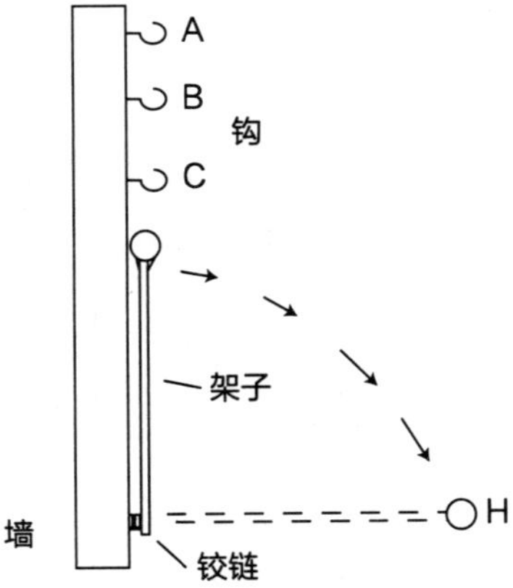

a. A　　b. B　　c. C　　d.都一样

9. 若下图3个铁条的长度相等，哪一个承重更大？

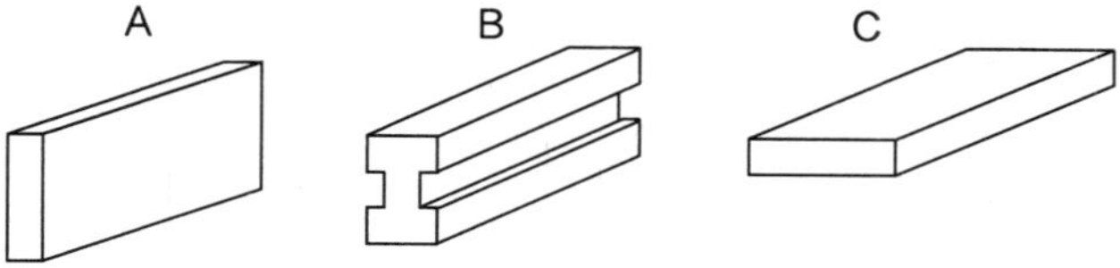

a. A　　　　b. B　　　　c. C　　　　d. 都一样

10. 3辆赛车在一个倾斜的弯道以相同的速度绕圈行驶，那么哪辆车最有可能打滑？

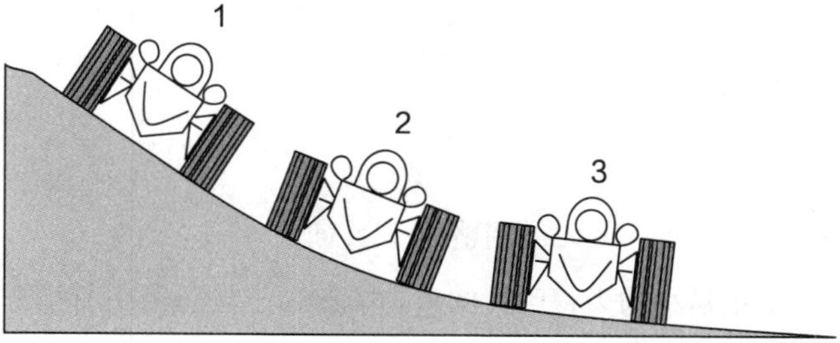

a. 1　　　　b. 2　　　　c. 3　　　　d. 都一样

11. 如果在进入弯道斜面时3辆赛车并排前行，出了斜面后依然并排前行，那么哪辆车行驶得最快？

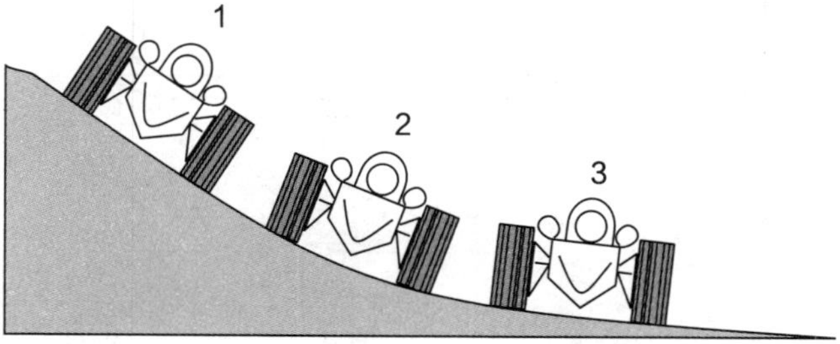

a. 1　　　　b. 2　　　　c. 3　　　　d. 都一样

12. 下图中旧式“落地式大摆钟”的钟摆和钟锤都是铁制的。为了保证时间的准确性，夏季时应将钟锤向哪个方向调整？

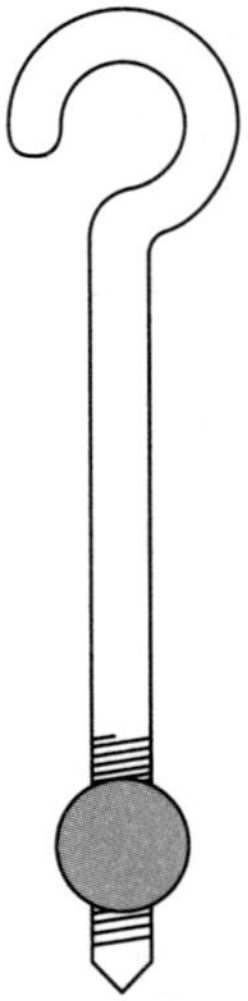

a. 向上　　　b. 无须调整　　　c. 向下

13. 为了用最小的力将巨大的重物撬起，当按压箭头所指方向时，应当把立方体放置在梁下方的什么位置？

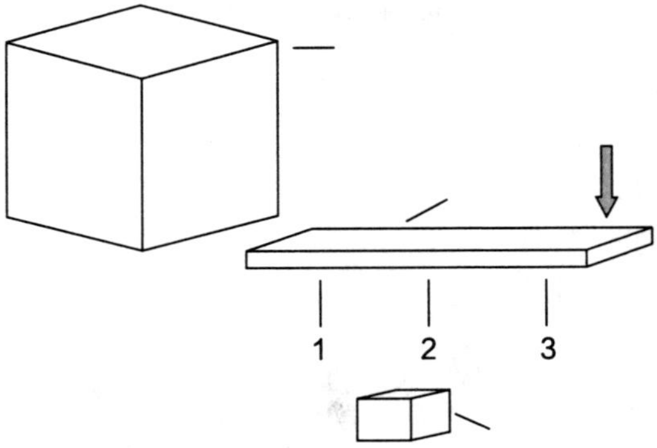

a. 1　　　b. 2　　　c. 3　　　d. 都可以

14. 一块硬纸板制成的卷筒内固定着一块很重的金属棒条。当卷筒被放置在如图所示的斜坡上时，它会向哪个方向滚动？

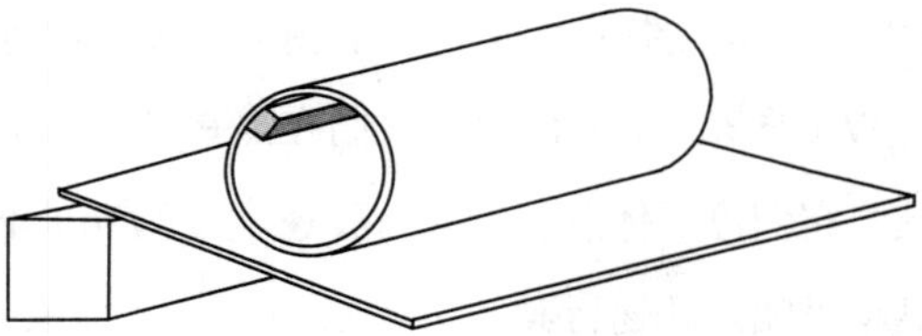

a. 向斜坡下方　　b. 向斜坡上方　　c. 静止不动

15. 如图所示，当轮子 1 顺时针转动时，轮子 2 会如何转动？

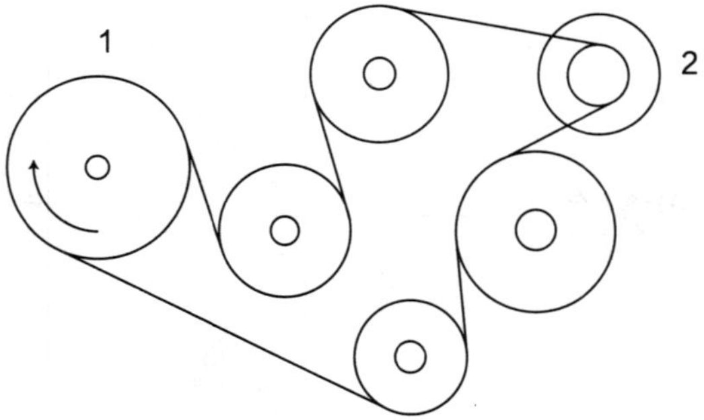

a. 逆时针转动　　b. 顺时针转动　　c. 系统阻塞无法转动

16. 假设传送带和轮子没有阻塞，哪个轮子的转速最快？

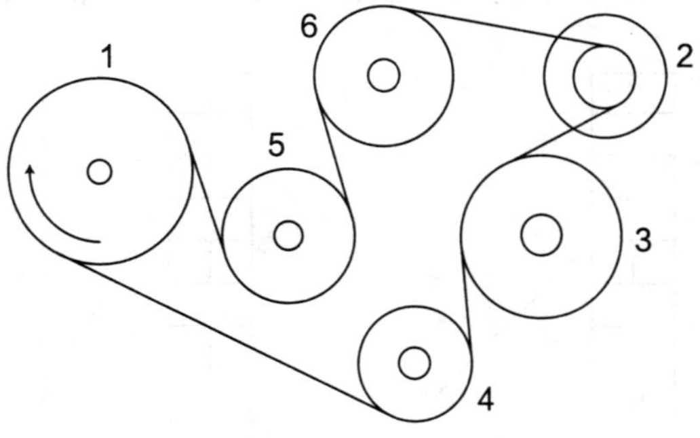

a. 1　　b. 2　　c. 3　　d. 4

e. 5　　f. 6

17. A和B两辆车在路上行驶。一辆由北（N）向南（S）行驶，另一辆自西（W）向东（E）行驶，它们在点P相遇。在图中所示的东南方向区域，它们停下休息。如果行驶速度慢的汽车正好是限速行驶，那么哪辆车可能是超速行驶？

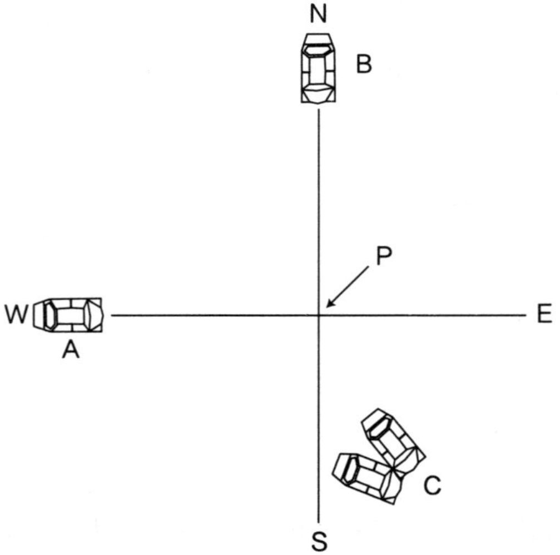

a. A　　　　b. B　　　　c. 很难说

18. 从一侧看两架梯子和两个墙面，攀爬哪一架梯子更加安全？

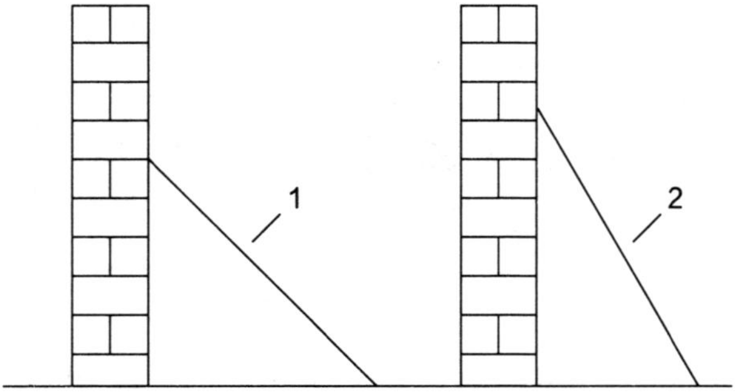

a. 1　　　　b. 2　　　　c. 一样

19. 如图在一个热水桶内，应该从哪个出口取热水？

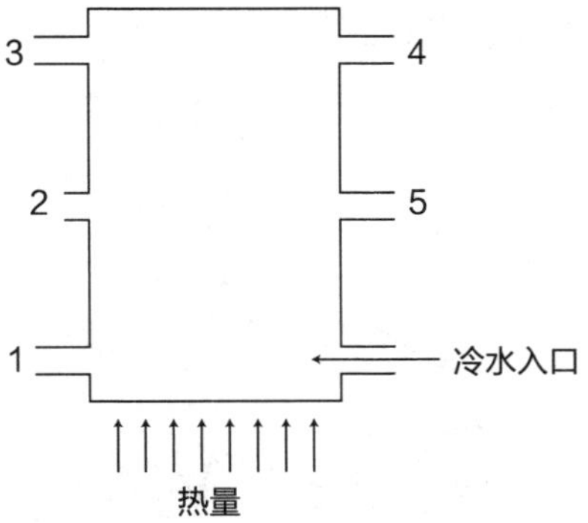

a. 1　　b. 2　　c. 3

d. 4　　e. 5　　f. 都可以

20. 当宇宙飞船不受地球引力的影响且火箭的推力为零时，宇航员会：

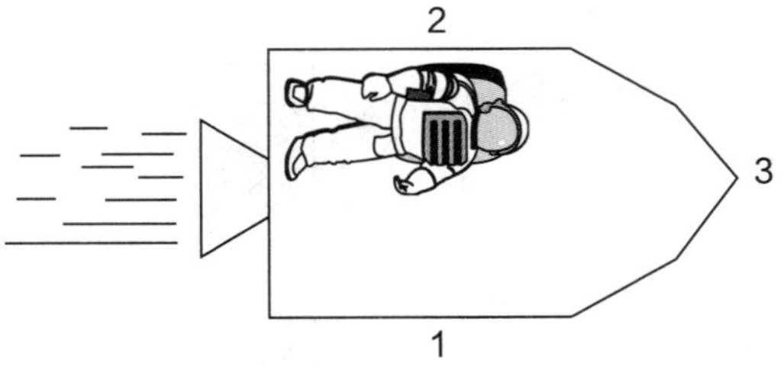

a. 落到1处　　b. 待在他所处的2处　　c. 被推向飞船头部的3处

21. 在太空中，当静止的宇宙飞船突然加速时，宇航员会：

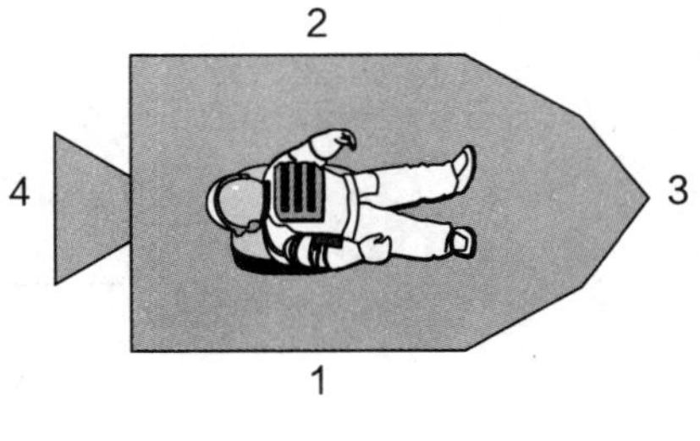

a. 被推向飞船头部的3处　　b. 向下落到1处

c. 由于失重，向上漂浮到2处　　d. 头部朝下落到地面的4处

22. 当轮子1顺时针旋转时，轮子4会怎样旋转？

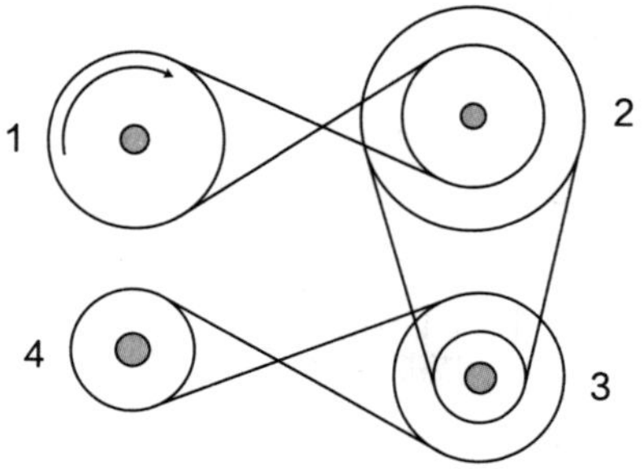

a. 顺时针　　b. 逆时针　　c. 系统阻塞无法转动

23. 钢球在撞击坚硬沉重的钢板后会向哪个方向弹去？

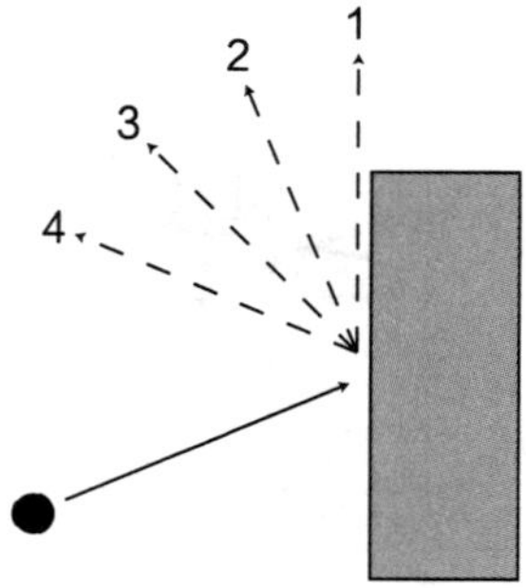

a. 1　　b. 2　　c. 3　　d. 4

24. 当球1被如图所示的力撞击时，球3会向哪个方向移动？

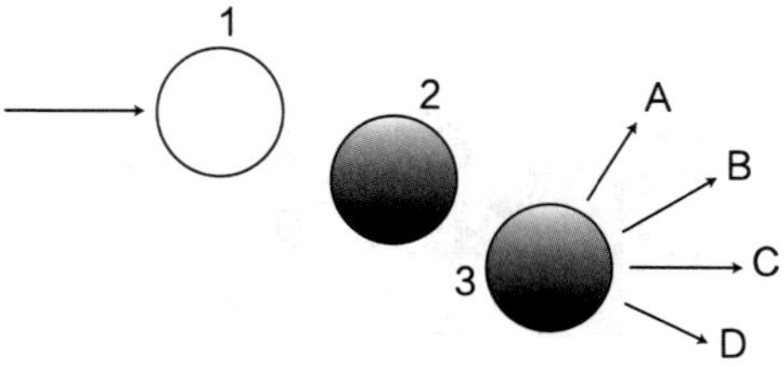

a. A　　b. B　　c. C　　d. 球3待在原地

25. 当斜齿轮M如图所示转动时，斜齿轮H会怎样转动？

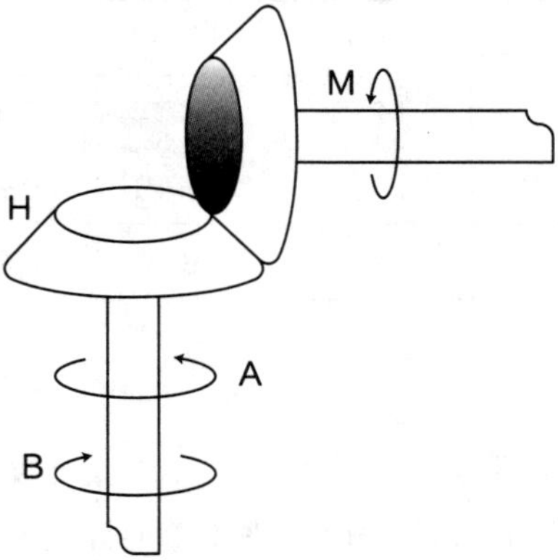

a. A　　b. B　　c. 都不是

答案

1. c	6. a	11. a	16. b	21. d
2. c	7. a	12. a	17. b	22. a
3. c	8. a	13. a	18. b	23. d
4. c	9. b	14. b	19. c	24. c
5. b	10. c	15. b	20. b	25. b

得分

正确个数－错误个数＝______

16岁以下测试人员的分值加2，17～20岁测试人员的分值加1。＋______

测试得分＝______

按照以下表格将你的分数转换成10分制，或称为“标准10分”的分数，随即将“标准10分”的分数填入附表1（见244页）中。

测试得分	1～5	6～7	8～9	10～11	12～13
标准 10 分	1	2	3	4	5
测试得分	14～15	16～17	18～19	20～21	22+
标准 10 分	6	7	8	9	10

解析

1. 从尺寸不一定能推断出重量。

2. A会使B逆时针旋转，B又会使C顺时针旋转。

3. 在水位到达C点时水坝承受最小的压力，所以选c。

4. 温度随着水的深度变浅而降低，所以答案应为c。

5. 虽然A点是梁的中间部分，但一侧会偏重。就相对的体积和重量来说，B点应该是保持平衡的最佳选择。

6. 当光线触及并穿过透镜上层表面时，它的折射方向与透镜表面呈90度，大概是箭头B的方向。但是，当光线穿过透镜内部触及下层表面时，它的折射方向又与下层透镜表面呈90度，大概是箭头A的方向。

7. 除了中间的轮子，其余所有的轮子都顺时针旋转，故选a。中间轮子上的传送带逆时针转动。

8. 若绳子挂在A处，它与墙面产生的角度会是最小的。因为A处的绳子“拉力”与B处的和C处的相比更加向下而不是向外，所以A处的绳子最不可能被拉出来。

9. 虽然B比A低一些，比C窄一些，但它整体的外部面积大于其他两个选项，并且更不易发生竖直方向或水平方向的弯曲变形。

10. 如果它们以相同的速度进入弯道，在弯道底部的赛车3会出现在赛车2之前，赛车2又会出现在赛车1之前，因为赛车3行驶的路程最短。所以赛车3最可能在弯道上打滑，尤其是当它受到斜坡最小的反作用力时。

11. 因为赛车1行驶路程最远，所以其行驶速度最快。

12. 高温会使铁膨胀，所以钟摆在夏季会摆动得慢一些，因此夏季人们需要把钟锤上移使钟摆保持有规律的摆动。

13. 当把方块放置在点1处时人们可以最好地应用杠杆。

14. 金属条垂直向下的重量会使卷筒向斜坡上滚动，故选b。

15. 传送带在轮子2表面转动的方向与轮子1转动的方向一致，故选b。

16. 轮子2转动速度最快，因为在传送带环绕的轮子中，轮子2有最小的齿圈。

17. 因为汽车向南行驶的路程比向东行驶的路程长，所以B车一定有更大的动力或更快的速度。

18. 梯子底部离墙面越远，可以安全承受的重量就越小，故选b。

19. 热水会上升，所以可以取到热水的最好的地方就在水桶上部。和答案4相比，答案3更准确一些，因为这样可以保证水桶内流出的水质量最好。

20. 在没有任何重力的情况下，宇航员会保持在相同的位置与飞船同速运动，故选b。

21. 在加速运动时，宇航员只有在接触到飞船底部地面并被其推进的时候才会开始移动，故选d。

22. 在轮子1之后的轮子2与轮子1反方向转动，因为连接两个轮子的传送带有交叉。轮子3和轮子2同方向转动，因为缠绕在上面的传送带转动方向相同。由于轮子3和4之间的传送带又一次交叉，所以轮子4的转动方向与轮子3相反，故轮子4顺时针转动。

23. 由于两个东西都为钢质，并且钢板很坚硬，所以钢球最有可能反弹的方向与其撞向钢板的方向相反、角度相等。所以答案是d。

24. 球1会以45° 角的方向撞击球2，促使球2以大概相同的方向撞击球3，这样就会形成90° 的撞击角度，所以球3会像球1一样水平移动，故选c。

25. M齿轮会使H齿轮向与M齿轮相反的方向转动，所以如果图中M顺时针转动，则H逆时针转动，所以答案是b。

第9章
追溯测试

在此测试中，你需要追溯一条从页面左侧出发，一直延续到右侧的线。每条线都会与其余线条交叉。有时线条会转回左侧，然后再转回右侧到达终点。线条结束的地方会有一个小图片或符号。

你的任务是找到图中对应的符号和下方的字母，然后在这条线起点处对应字母下方的方格中打钩。你会在下图中看到图片和字母，每个字母都对应一个图片。

在页面左侧你会看到字母以及下方的方格，你需要在方格内打钩。如果你从第一排方格入手，追溯第一条线，你会看到线条终点对应一个心形。在图中，心形图片下方是字母d。所以，你需要在线条起步的一排方格中找到d，并在下面打钩。请自行尝试找出其他线条的答案。

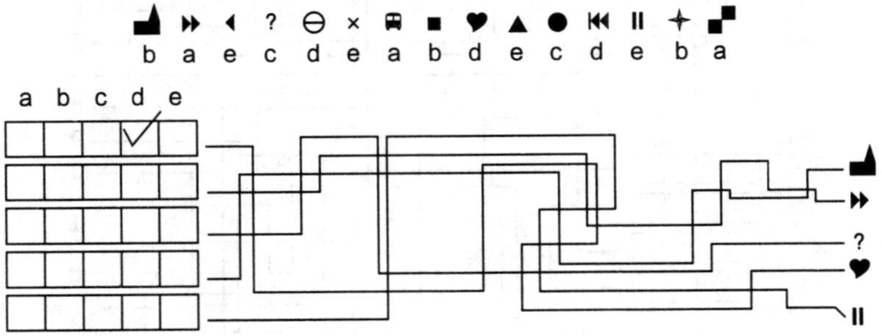

示例中第一条线的答案已经为你标出，答案是d。之后的答案分别是a、c、b、e。

测试题从下一页开始，做题方法同示例一样。请尽量快速作答。

如果本书非你个人所有，请在草稿纸上列出答案。

限时：5分钟

9	A	Σ	H	υ	#	Z	5	σ	λ	ν	μ	4	8	0
b	a	e	c	d	e	a	b	d	e	c	d	e	b	a

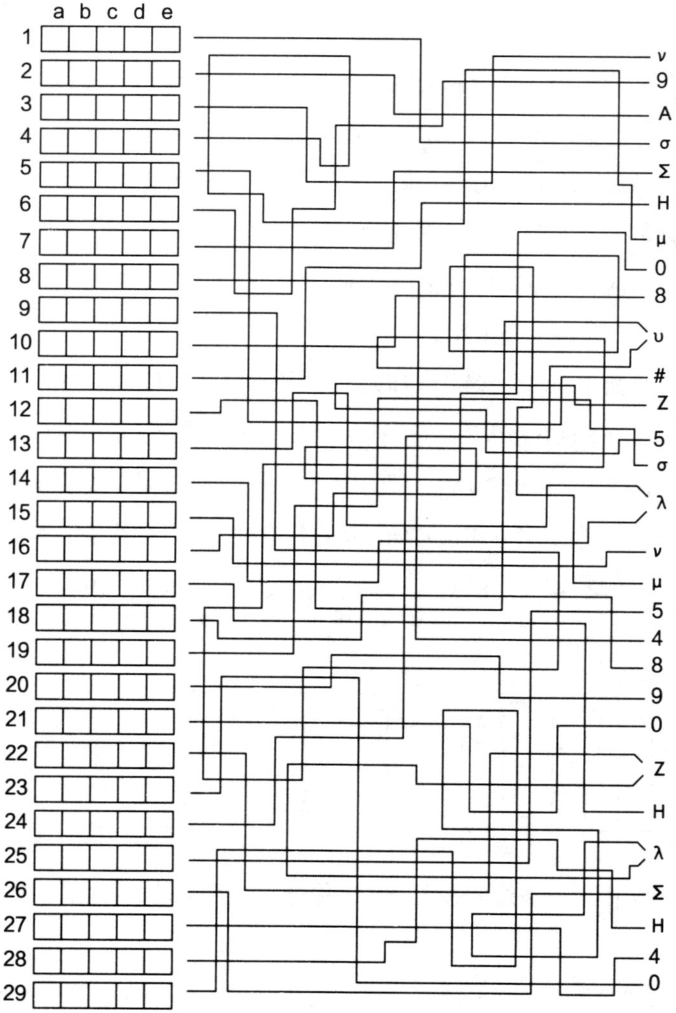

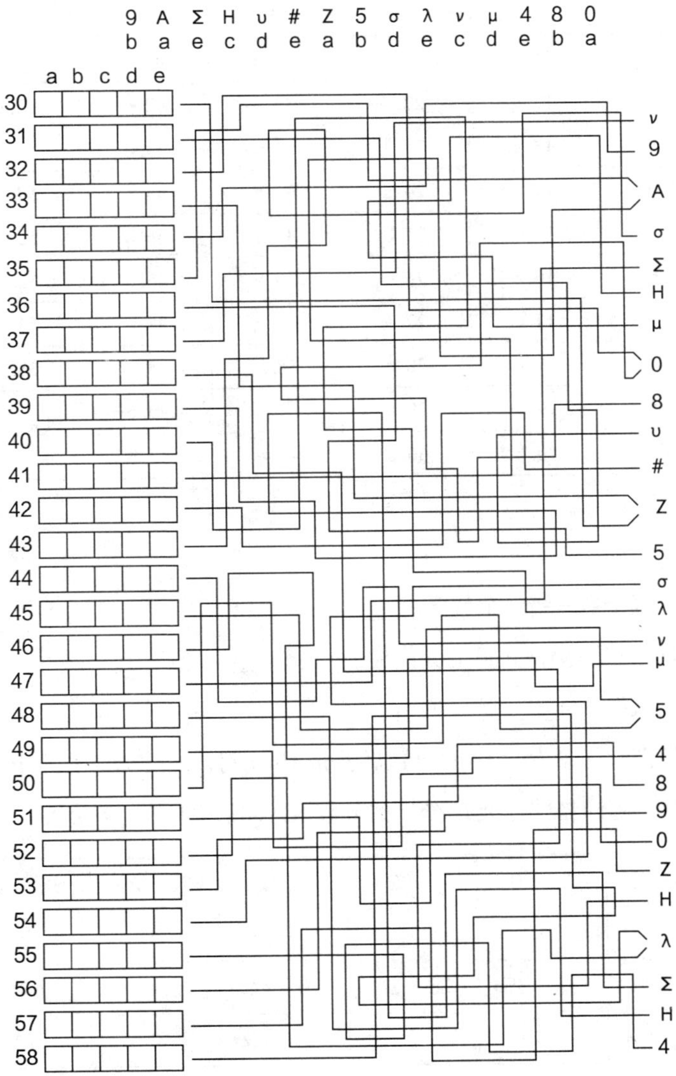
9 A Σ H υ # Z 5 σ λ ν μ 4 8 0
b a e c d e a b d e c d e b a
a b c d e
30
31
32
33
34
35
36
37
38
39
40
41
42
43
44
45
46
47
48
49
50
51
52
53
54
55
56
57
58
ν
9
A
σ
Σ
H
μ
0
8
υ
#
Z
5
σ
λ
ν
μ
5
4
8
9
0
Z
H
λ
Σ
H
4

答案

1. d	11. c	21. a	31. d	41. a	51. a
2. a	12. d	22. a	32. a	42. e	52. e
3. c	13. e	23. a	33. a	43. d	53. b
4. d	14. e	24. d	34. b	44. c	54. d
5. e	15. c	25. b	35. a	45. b	55. e
6. b	16. a	26. e	36. b	46. d	56. b
7. e	17. c	27. e	37. c	47. e	57. a
8. e	18. b	28. c	38. c	48. c	58. e
9. d	19. d	29. e	39. e	49. e	
10. b	20. b	30. a	40. e	50. b	

得分

正确个数－错误个数＝______

16岁以下测试人员的分值加2。＋______

测试得分＝______

按照以下表格将你的分数转换成10分制，或称为“标准10分”的分数，随即将“标准10分”的分数填入附表1（见244页）中。

测试得分	1～20	21～23	24～26	27～29	30～32
标准 10 分	1	2	3	4	5
测试得分	33～35	36～38	39～41	42～44	45+
标准 10 分	6	7	8	9	10

第五部分

空间测试

本部分的测试需要你在头脑中“观察”一件物品。不仅如此，你还需要在你的头脑中“移动”这件物品，以便看到这件物品的背面或颠倒之后的样子。能够正确识别各种形状和它们的维度是一种能力，拥有这种能力的人可以将自身富于想象力的视觉思维应用到各个方面。能够准确分辨出旋转和变化的图形的人在某种程度上能够在头脑中翻转图形。在这一思考过程中，你通常会由最初的潜在答案推出最终的结果。如果你擅长做此类测试，那么这说明你善于横向思考或拥有“创新思维”。

测试10，形状测试。此测试需要你在不同的抽象图形中做出选择，目的是评估你判断线条、轮廓和形状的方向的能力。此测试可以测出你在某些艺术领域的潜力和设计能力。根据你在其他测试题中可能展现出的潜能，你在本测试中展现出的良好能力也可以与其他潜能相互配合。比如，你如果同时擅长数字计算，则可以去做技术或地理方面的工作。你如果同时擅长语言表达，则可以去做写作或媒体工作。

测试11，3D测试。此测试的要求与形状测试类似，但题目中的图形本身是规则的且与选项中的图形保持相同的维度。3D测试同样需要你在头脑中旋转图形，但旋转方式与形状测试不同，同时你也需要用结构化的思考方式解决这些问题。通常来说，人们会认为所有擅长此类测试的人员都很聪明，即使他们在传统教育中表现平平，走向社会后也能表现超群。

第10章
形状测试

此测试可以评估你观察物体并且将其在头脑中旋转的能力。你会在页面中间看到一个图形，其下方会呈现其他5个图形，且每个图形都有标号。你需要辨别这5个图形是否与原始图形是同一个图形。当标号图形旋转或颠倒时应当与原始图形一样，而当图形中的某一部分发生变化时则与原始图形不同。如果你认为图形一致就写下“Y”（代表“是”），否则就写下“N”（代表“否”）。如果图形不完全一致或呈现“镜像”图形，则写下“N”。请尝试在头脑中“观察”图形。

示例

1　2　3　4　5

示例图形答案：1.N；2.N；3.Y；4.Y；5.Y。

如果本书非你个人所有，请不要在此做标记，你可在草稿纸上列出答案和解题过程。如果希望进行能力评估，请记录你在10分钟内所答的题目；如果无须测评，则不用计时，答完即可。

限时：10分钟

A.

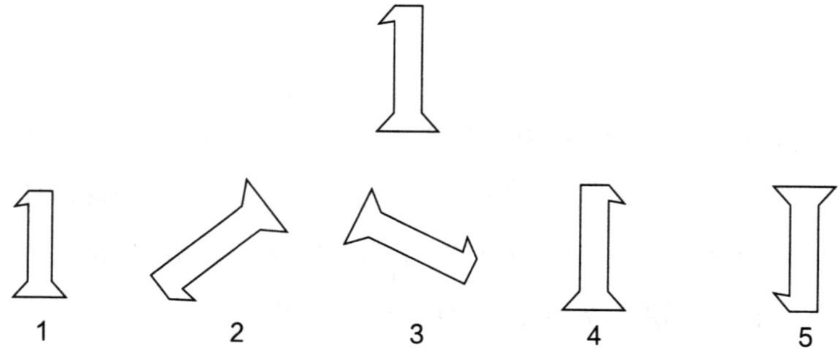

B.

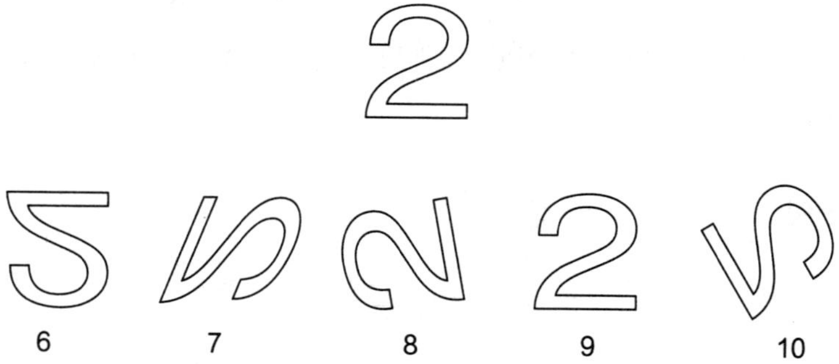

C.

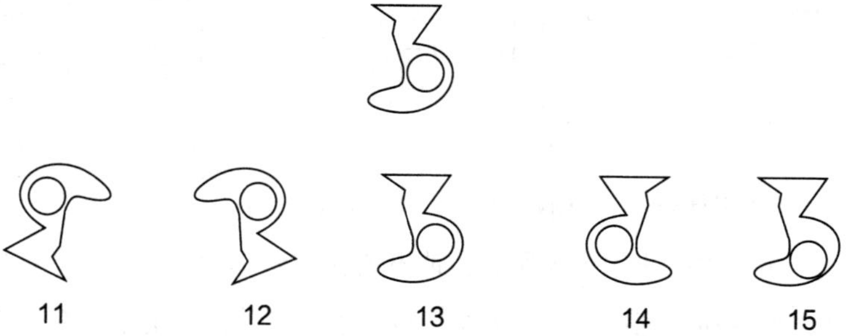

D.

16　17　18　19　20

E.

21　22　23　24　25

F.

26　27　28　29　30

G.

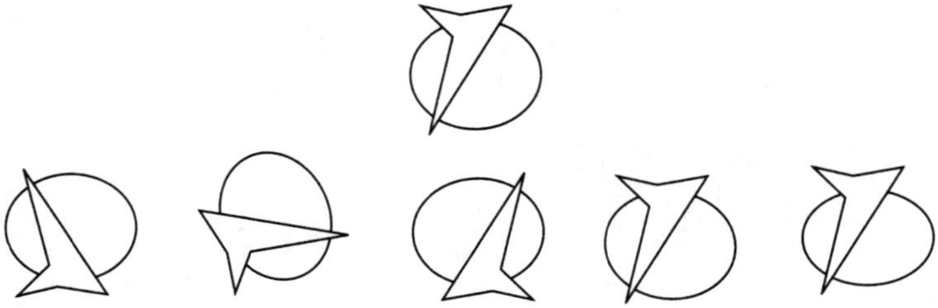

31　32　33　34　35

H.

36 37 38 39 40

I.

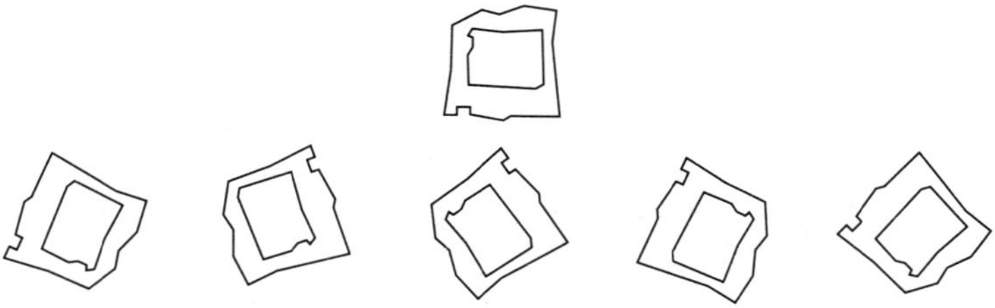

41 42 43 44 45

J.

46 47 48 49 50

K.

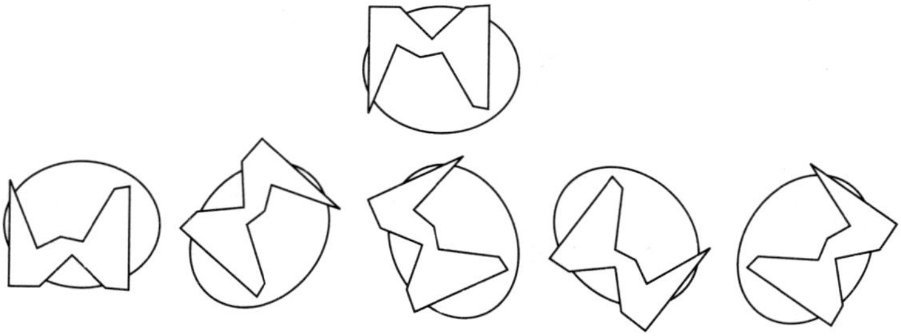

51 52 53 54 55

L.

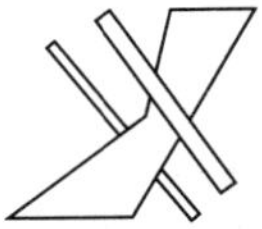

56　57　58　59　60

M.

61　62　63　64　65

N.

66　67　68　69　70

答案

1. N	15. N	29. N	43. Y	57. Y
2. N	16. N	30. Y	44. Y	58. Y
3. Y	17. Y	31. Y	45. N	59. N
4. Y	18. Y	32. N	46. N	60. N
5. Y	19. Y	33. Y	47. Y	61. N
6. Y	20. Y	34. N	48. N	62. N
7. N	21. N	35. N	49. Y	63. Y
8. N	22. Y	36. Y	50. N	64. Y
9. Y	23. N	37. N	51. N	65. Y
10. Y	24. N	38. N	52. N	66. Y
11. Y	25. Y	39. Y	53. N	67. Y
12. N	26. N	40. Y	54. N	68. Y
13. Y	27. Y	41. N	55. Y	69. Y
14. Y	28. Y	42. N	56. Y	70. Y

得分

正确个数－错误个数＝______

16岁以下测试人员的分值加2，17～20岁测试人员的分值加1。＋______

测试得分＝______

按照以下表格将你的分数转换成10分制，或称为“标准10分”的分数，随即将“标准10分”的分数填入附表1（见244页）中。

测试得分	1 ~ 6	7 ~ 12	13 ~ 17	18 ~ 21	22 ~ 25
标准 10 分	1	2	3	4	5
测试得分	26 ~ 30	31 ~ 35	36 ~ 41	42 ~ 47	48+
标准 10 分	6	7	8	9	10

第11章
3D测试

此测试需要你去发现物体的隐藏面。你会看到一些堆积在一起的立方体，每一块立方体大小相同。你可以看到正面（或者说朝向你的面），也可以看到顶部，但无法看到隐藏的另外两个面（A、B）和底面C，不过你可以想象隐藏的两个面和底面是什么样子的。

在每一个测试题中都有一些堆积在一起的立方体。你需要凭借想象判断出在所给的5个选项图中，哪一张图是A面的视图，选项中只有一张图是正确的，然后判断B和C的视图。在每一组选项中，仅有一张图是正确答案，有时正确答案可能会被翻转，请勾选出正确答案。

限时：5分钟

1.

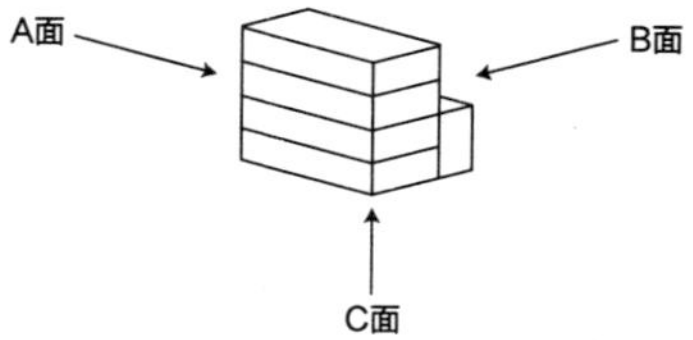

A面

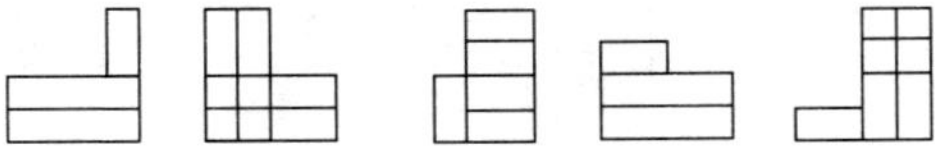

i　ii　iii　iv　v

B面

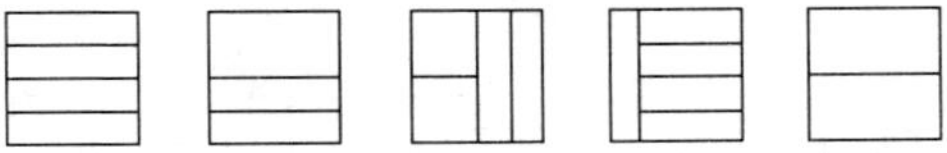

i　ii　iii　iv　v

C面

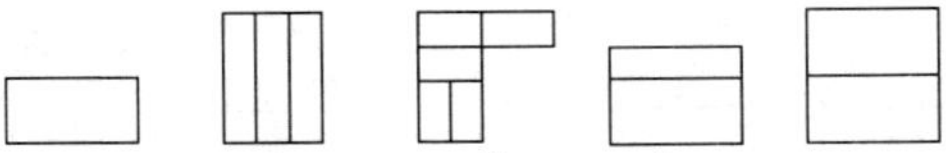

i　ii　iii　iv　v

2.

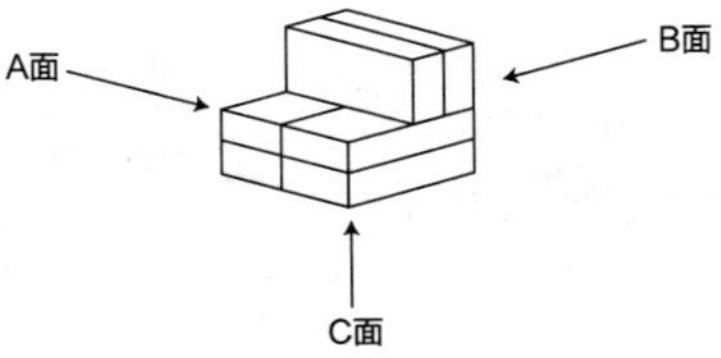

A面

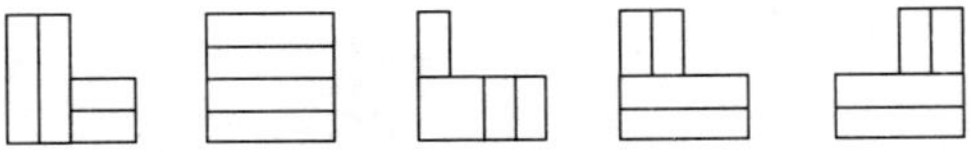

i　ii　iii　iv　v

B面

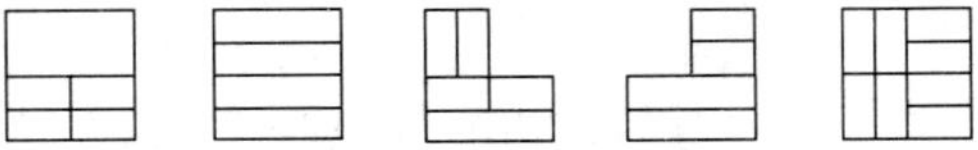

i　ii　iii　iv　v

C面

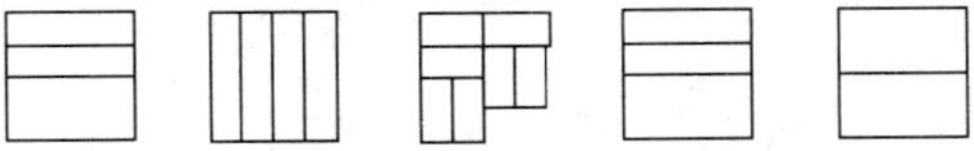

i　ii　iii　iv　v

3.

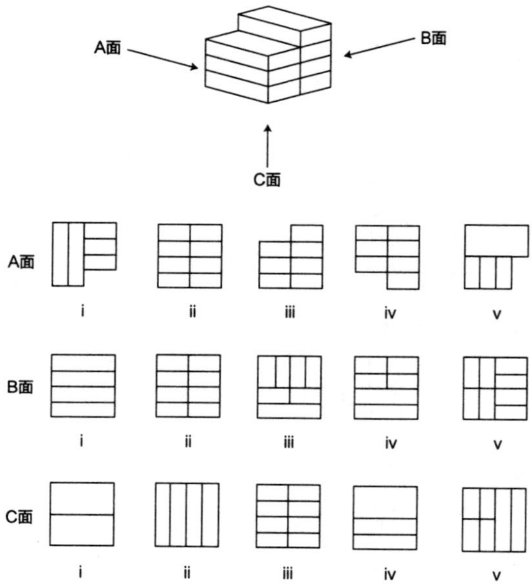
A面
B面
C面
A面
i
ii
iii
iv
v
B面
i
ii
iii
iv
v
C面
i
ii
iii
iv
v

4.

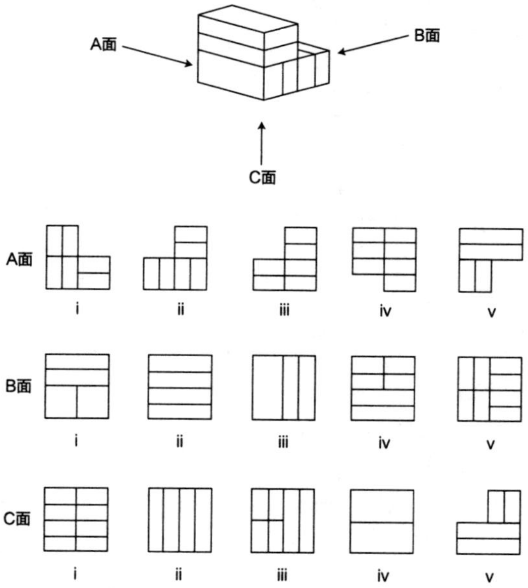
A面
B面
C面
A面
i
ii
iii
iv
v
B面
i
ii
iii
iv
v
C面
i
ii
iii
iv
v

5.

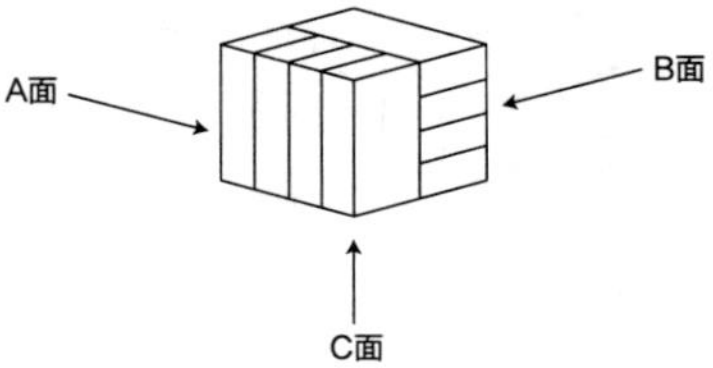
A面
B面
C面

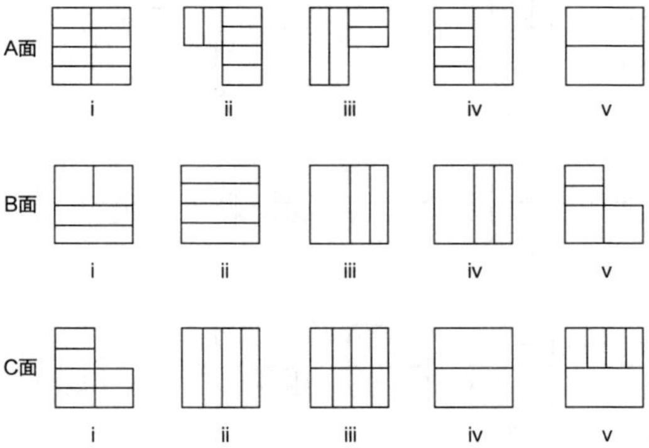
A面
i
ii
iii
iv
v
B面
i
ii
iii
iv
v
C面
i
ii
iii
iv
v

6.

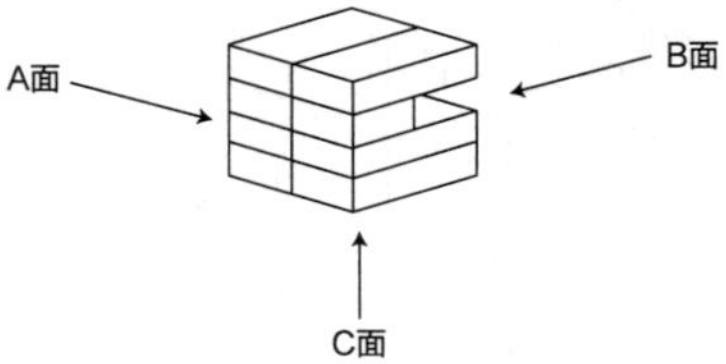
A面
B面
C面

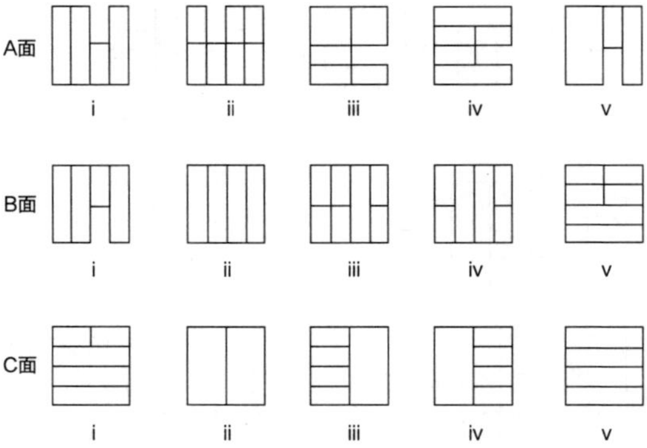
A面
i
ii
iii
iv
v
B面
i
ii
iii
iv
v
C面
i
ii
iii
iv
v

7.

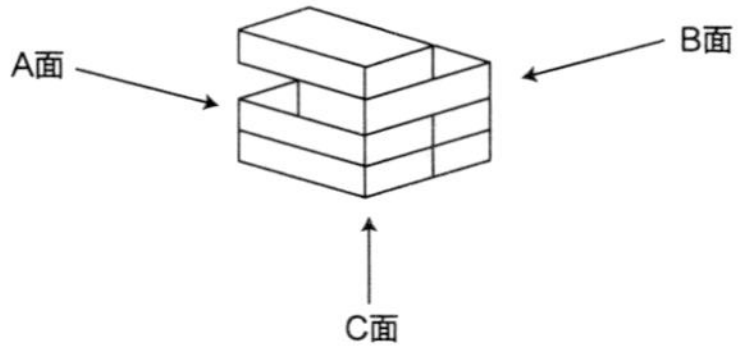
A面
B面
C面

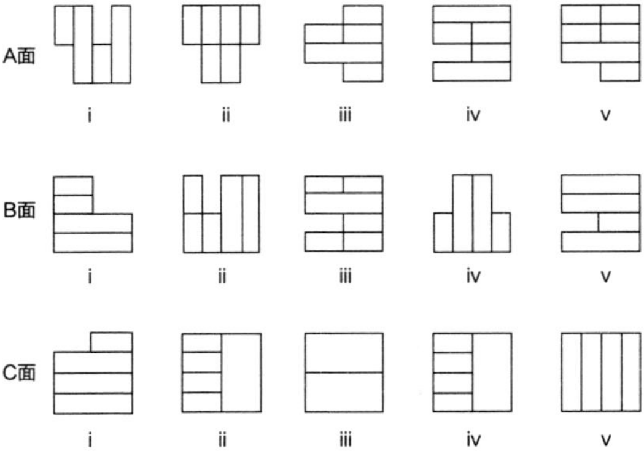
A面
i ii iii iv v
B面
i ii iii iv v
C面
i ii iii iv v

8.

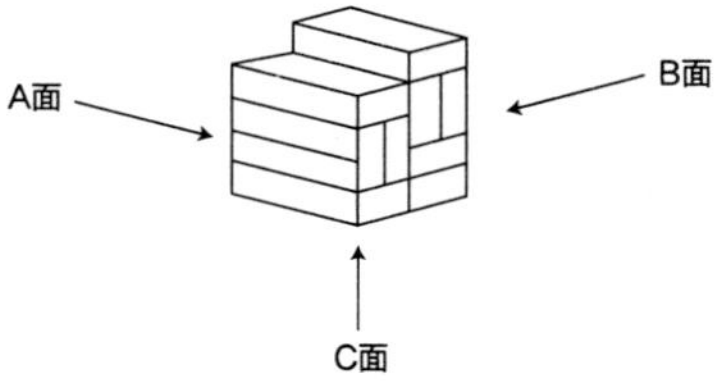
A面
B面
C面

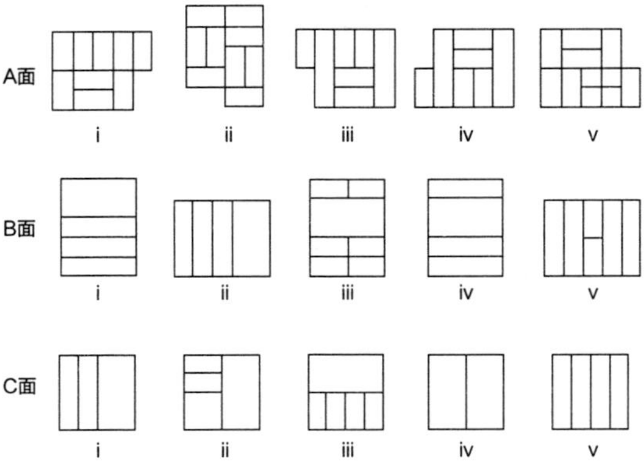
A面
i ii iii iv v
B面
i ii iii iv v
C面
i ii iii iv v

9.

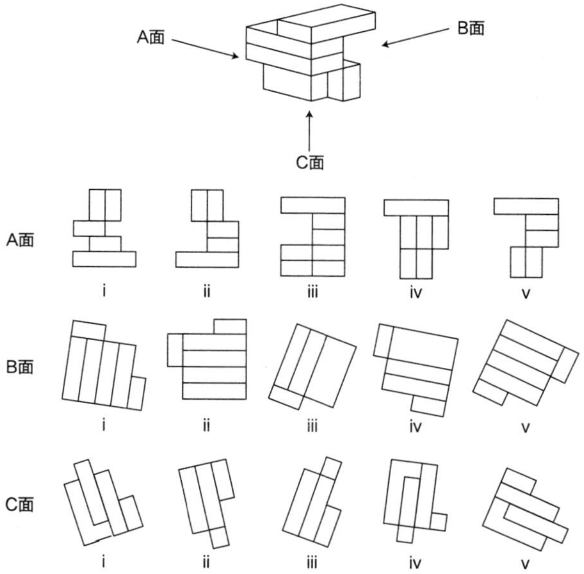
A面
B面
C面
A面
i
ii
iii
iv
v
B面
i
ii
iii
iv
v
C面
i
ii
iii
iv
v

10.

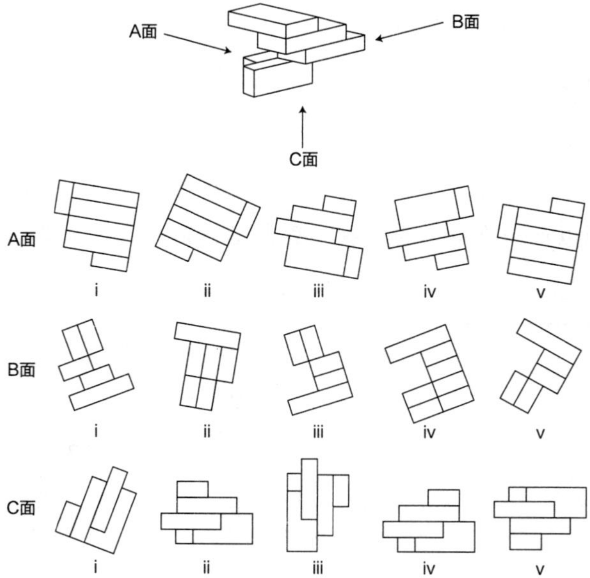
A面
B面
C面
A面
i
ii
iii
iv
v
B面
i
ii
iii
iv
v
C面
i
ii
iii
iv
v

答案

1	A. iii	B. ii	C. iv
2	A. iv	B. i	C. v
3	A. iv	B. i	C. i
4	A. ii	B. iii	C. ii
5	A. iv	B. ii	C. v
6	A. i	B. iii	C. ii
7	A. v	B. v	C. iii
8	A. ii	B. iv	C. iv
9	A. v	B. iv	C. i
10	A. iii	B. iii	C. v

得分

正确个数－错误个数＝______

16岁以下测试人员的分值加3，17～20岁测试人员的分值加2。＋______

测试得分＝______

按照以下表格将你的分数转换成10分制，或称为“标准10分”的分数，随即将“标准10分”的分数填入附表1（见244页）中。

测试得分	1～2	3～4	5～6	7～8	9～10
标准10分	1	2	3	4	5
测试得分	11～12	13～16	17～19	20～22	23+
标准10分	6	7	8	9	10

第六部分

实用数值测试

本部分包含的测试数量最多，这也反映出这些测试的重要性和常见性，大多数人都很有可能遇到这些测试内容。你需要运用数字运算法则——加法、减法、乘法和除法来做运算。同时，你需要了解小数、百分数和分数。在日常生活中，计算和估算是必不可少的一部分。有些喜欢做此类计算的人或那些有数字天赋的人会偏向去从事一些处理钱财、做出估算或其他与计算相关的职业。很多职业都将此类数字技能视为入职要求。很多人会说，如今他们都使用电脑或计算器去做那些计算工作，因此他们的大脑已经“生锈”了。然而，要想做好这部分测试，你需要拥有潜在的数学能力。这一能力反映在分数上，即表现为即使你很久没有使用过此类数字技能，你的分数依然高于平均分。

测试12，运算测试。此测试旨在评估你运用数字基本运算法则的机敏程度。**测试13，算法测试。**在此测试中，你将置身于模拟现实的办公场景，用以检测你是否能够妥当处理金钱交易。**测试14，数字计算测试。**此测试的运算范围广泛，需要你做出分数、百分数和其他数字问题的计算。**测试15，数字技能测试。**此测试的运算范围更加广泛，它引入了量度概念，并且需要你去解决实际问题。**测试16，精确计算测试。**此测试需要你找出一系列计算中缺失的内容，同时包括了检验答案是否正确。

许多工作都需要你快速做出一些基本运算，即使是大致的估算，也可以成为你做出基本决定的基础。这种情况发生在多种类型的工作中，包括财务评估、成本计算、调查工作、购买和销售领域的工作。

第12章
运算测试

你需要运用下列运算规则做出计算："+"代表加法，"−"代表减法，"×"代表乘法，"÷"代表除法。

你必须按照所给顺序进行运算。如运算（3 + 1）× 2 ÷ 2 = ?

第一步：3 + 1 = 4

第二步：4 × 2 = 8

第三步：8 ÷ 2 = 4

下列3个示例中，每个示例都有3个等式。你需要算出是否有一个等式的运算结果与其他两个结果不同，还是3个等式有相同的结果。然后你在自己认为正确的答案对应的方格中打钩。示例1和示例2的答案已经给出，请自行作答示例3和示例4，并在正确的答案旁打钩。

示例1

☐a.	☐b.	☑c.	☐d.
1 + 2 = 3	3 + 0 = 3	2 + 2 = 4	都一样

示例2

☐a.	☐b.	☐c.	☑d.
2 × 2 = 4	3 + 1 = 4	6 − 2 = 4	都一样

示例3

□a.	□b.	□c.	□d.
$2 \div 2=$	$1+1=$	$6-4=$	都一样

示例4

□a.	□b.	□c.	□d.
$2 \times 2+1=$	$3+1+1=$	$(4-3)\times 2+3=$	都一样

请核对示例3和示例4的答案：

示例3

☑a.	□b.	□c.	□d.
$2 \div 2=1$	$1+1=2$	$6-4=2$	都一样

示例4

□a.	□b.	□c.	☑d.
$2 \times 2+1=5$	$3+1+1=5$	$(4-3)\times 2+3=5$	都一样

示例3中，你应在选项a旁边打钩。示例4中，你应当在选项d旁边打钩。

如果本书非你个人所有，请不要在此做标记，你可在草稿纸上列出答案和解题过程。如果希望进行能力评估，请记录你在8分钟内所答的题目；如果无须测评，则不用计时，答完即可。

限时：8分钟

1.	□a.	□b.	□c.	□d.
	2 + 2 =	1 + 1 =	3 + 1 =	都一样
2..	□a.	□b.	□c.	□d.
	2 + 1 =	3 + 1 =	2 + 2=	都一样
3.	□a.	□b.	□c.	□d.
	2 + 2 =	3 + 1 =	4 + 1 =	都一样
4.	□a.	□b.	□c.	□d.
	2 − 1 =	1 + 2 =	3 − 2 =	都一样
5.	□a.	□b.	□c.	□d.
	2 + 2=	1 × 4 =	4 − 0 =	都一样
6.	□a.	□b.	□c.	□d.
	3 × 2 =	5 + 1 =	4 × 2 =	都一样
7.	□a.	□b.	□c.	□d.
	2 ÷ 2 =	1 + 1 =	2 − 1 =	都一样
8.	□a.	□b.	□c.	□d.
	2 × 3 =	3 + 1 + 1 =	2 + 3 =	都一样
9.	□a.	□b.	□c.	□d.
	2 ÷ 1 =	1 + 1 =	4 ÷ 2 =	都一样
10.	□a.	□b.	□c.	□d.
	4 × 2 =	8 ÷ 2 =	4 − 0 =	都一样
11.	□a.	□b.	□c.	□d.
	3 ÷ 1 =	1 + 1 + 1 =	1 × 3 =	都一样

12.	□a.	□b.	□c.	□d.
	$2\times3=$	$7-1=$	$6\div3=$	都一样
13.	□a.	□b.	□c.	□d.
	$6\div2=$	$9\div3=$	$6-3=$	都一样
14.	□a.	□b.	□c.	□d.
	$2\times5=$	$2\times2\times2=$	$3\times2+4=$	都一样
15.	□a.	□b.	□c.	□d.
	$2\div2\times3=$	$1+1\times2=$	$6-4\times2=$	都一样
16.	□a.	□b.	□c.	□d.
	$2\times3-2=$	$3+4-2=$	$10\div2=$	都一样
17.	□a.	□b.	□c.	□d.
	$2-2+4=$	$1\times1+4=$	$6-2=$	都一样
18.	□a.	□b.	□c.	□d.
	$6\times2+3=$	$3+1\times4=$	$5\times2+5=$	都一样
19.	□a.	□b.	□c.	□d.
	$9\div3\times2=$	$(11+7)\div3=$	$6-1\times2=$	都一样
20.	□a.	□b.	□c.	□d.
	$2\times7+2=$	$2\times2\times2=$	$1\times2\times4=$	都一样
21.	□a.	□b.	□c.	□d.
	$12\div3=$	$16\div4=$	$20\div5=$	都一样
22.	□a.	□b.	□c.	□d.
	$20\div5-2=$	$36\div3\div6=$	$27\div3\div3=$	都一样
23.	□a.	□b.	□c.	□d.
	$34\div2+3=$	$50\div5+8=$	$60\div3-2=$	都一样

24.	□ a.	□ b.	□ c.	□ d.
	$25 \div 5 - 3 =$	$6 \times 3 \div 9 =$	$4 \times 5 \div 10 =$	都一样
25.	□ a.	□ b.	□ c.	□ d.
	$6 \times 5 \div 3 =$	$2 \times 7 - 2 =$	$6 \div 2 + 7 =$	都一样
26.	□ a.	□ b.	□ c.	□ d.
	$9 \times 4 =$	$3 \times 12 =$	$4 \times 8 + 6 =$	都一样
27.	□ a.	□ b.	□ c.	□ d.
	$17 \times 3 - 11 =$	$8 \times 4 + 8 =$	$84 \div 2 - 4 =$	都一样
28.	□ a.	□ b.	□ c.	□ d.
	$48 \div 8 =$	$54 \div 9 =$	$49 \div 7 =$	都一样
29.	□ a.	□ b.	□ c.	□ d.
	$(101 - 29) \div 6 =$	$(87 - 53) \div 2 =$	$(77 - 41) \div 3 =$	都一样
30.	□ a.	□ b.	□ c.	□ d.
	$13 \times 3 - 3 =$	$11 \times 4 - 6 =$	$16 \times 2 + 4 =$	都一样
31.	□ a.	□ b.	□ c.	□ d.
	$16 \div 2 \times 3 =$	$8 \times 6 \div 2 =$	$6 \times 4 =$	都一样
32.	□ a.	□ b.	□ c.	□ d.
	$12 \times 3 \div 2 =$	$3 \times 3 \times 2 =$	$40 \div 5 \times 2 =$	都一样
33.	□ a.	□ b.	□ c.	□ d.
	$16 \times 3 =$	$5 \times 5 \times 2 =$	$24 \div 2 \times 4 =$	都一样
34.	□ a.	□ b.	□ c.	□ d.
	$33 \div 3 - 5 =$	$(17+8) \div 5 =$	$(19-4) \div 3 =$	都一样
35.	□ a.	□ b.	□ c.	□ d.
	$7 \times 9 + 7 =$	$6 \times 11 + 8 =$	$6 \times 9 + 16 =$	都一样

36.	□a. 84 ÷ 7 ÷ 2 =	□b. 132 ÷ 11 − 5 =	□c. 36 × 4 ÷ 24 =	□d. 都一样
37.	□a. （116 − 77）÷ 13 =	□b. 16 × 9 ÷ 48 =	□c. （93 − 57）÷ 12 =	□d. 都一样
38.	□a. 35 ÷ 7 − 2 =	□b. 17 × 2 − 30 =	□c. （21 − 9）÷ 3 =	□d. 都一样
39.	□a. 29 × 3 − 19 =	□b. 7 × 14 − 30 =	□c. 113 − 79 + 34 =	□d. 都一样
40.	□a. 68 ÷ 17 =	□b. 90 ÷ 18=	□c. 250 ÷ 50=	□d. 都一样
41.	□a. 43 × 4 ÷ 43 =	□b. 88 ÷ 11 ÷ 2 =	□c. 128 × 3 ÷ 96 =	□d. 都一样
42.	□a. （26+51+23）÷4=	□b. 1 000 ÷ 40 =	□c. （55+13+32）÷4=	□d. 都一样
43.	□a. 898 − 669 =	□b. 108 + 137 =	□c. 1 003 − 774 =	□d. 都一样
44.	□a. 1 348 ÷ 337 + 1 =	□b. 687 ÷ 229 − 1 =	□c. 1 023 ÷ 341 + 2 =	□d. 都一样
45.	□a. （11×21−59）÷4=	□b. （459 − 63）÷ 9 =	□c. 22 × 10 ÷ 5 =	□d. 都一样

答案

1. b	11. d	21. d	31. d	41. d
2. a	12. c	22. c	32. c	42. d
3. c	13. d	23. a	33. b	43. b
4. b	14. b	24. d	34. a	44. b
5. d	15. c	25. b	35. b	45. a
6. c	16. a	26. c	36. b	
7. b	17. b	27. c	37. d	
8. a	18. b	28. c	38. a	
9. d	19. c	29. b	39. d	
10. a	20. a	30. b	40. a	

得分

正确个数－错误个数＝______

16岁以下测试人员的分值加2，17～20岁测试人员的分值加1。＋______

测试得分＝______

按照以下表格将你的分数转换成10分制，或称为“标准10分”的分数，随即将“标准10分”的分数填入附表1（见244页）中。

测试得分	1～17	18～20	21～24	25～26	27～28
标准 10 分	1	2	3	4	5
测试得分	29～30	31～33	34～35	36～38	39+
标准 10 分	6	7	8	9	10

第13章
算法测试

一间办公室内会放置一个装钱的盒子（备用金箱）用来支付一些小额账单。有些办公室盒子里的现金叫作“浮动现金”。当有人拿出盒子里的钱时，他会放一张备用金付款凭单或一个备忘录在里面，上面写着他拿走了多少钱，都用在什么地方了。

你需要对付款凭单或备忘录上的钱款进行计算，不可以使用任何计算器或计算辅助工具。付款凭证和备忘录如下所示：

备用金付款凭证		备忘录
6月7日		我取走10英镑用于支付邮票。我将找零回来的1.00英镑放回到盒子里。
	英镑	
花费		
出租车费	10.00	
三明治	10.00	
总计	20.00	
		杰妮
	签字：鲍勃	6月11号

示例问题及答案：

1. 杰妮6月11日花费多少钱？　　9英镑

2. 1英镑是10英镑的几分之几？　　1/10

3. 鲍勃付款凭证的百分之多少用于三明治？　　50%

在问题1中，杰妮拿走10英镑，放回1英镑，所以花费了9英镑。在问题2中，1英镑的10倍是10英镑，所以1英镑是10英镑的1/10。在问题3中，总花费是20英镑，其中三明治花费10英镑，即总花费的50%。

测试中的付款凭证和备忘录会告诉你从盒子里拿出了多少钱，钱款是在付款凭证和备忘录落款日期的那一日被拿走的。在测试开始时，题目会告诉你在有人取钱之前备用金箱里有多少钱。

在此测试中，计算出前面问题的答案可以帮助你回答后面的问题，所以你最好按顺序作答。如果本书非你个人所有，请不要在此做标记，你可在草稿纸上列出答案和解题过程。

如果你希望进行能力评估，请记录你在15分钟内所答的题目；如果无须测评，则不用计时，答完即可。

限时：15分钟

备用金付款凭证		备用金付款凭证	
6月7日		6月9日	
	英镑		英镑
牛奶	4.25	为简・史密斯花费	
给JH小组买三明治	8.50	（6月17日面试）	
		火车（往返）	22.60
总计	12.75	中午零食	5.65
		总计	28.25
	签字：克里斯汀		签字：桑迪

备用金付款凭证	
6月10日	
	英镑
窗户保洁：	
5月25日	22.50
6月1日	37.50
总计	60.00
	签字：杰克

备用金付款凭证	
6月10日	
	英镑
6月7日零食	6.72
出租车	2.80
文具用品	18.48
总计	28.00
	签字：约翰

备用金付款凭证	
6月11日	
	英镑
文具用品：	
复印	5.70
轨道导引	4.10
文具用品	7.00
牛奶壶	4.20
总计	21.00
	签字：约翰

备用金付款凭证	
6月15日	
	英镑
招待会用花	8.75
招待会用杂志	6.25
总计	15.00
	签字：克里斯汀

备用金付款凭证	
6月18日	
	英镑
汽油消费：	
5月29日	50英里[1]
6月1日	20英里
6月7日	34英里
6月16日	96英里
@1英里30便士	
1英镑等于100便士	
总计	60.00
	签字：比尔

备用金付款凭证	
6月22日	
	英镑
旅行花费	
柯蒂斯	
（6月6日来面试）	37.00
总计	37.00
	签字：汤姆

① 1英里≈1 609.34米。——编者注

备用金付款凭证
6月22日

	英镑
前厅用花	8.70
6月5日JH小组的三明治	16.10
送PB去车站的出租车费	8.60
总计	33.40

签字：杰妮

备用金付款凭证
6月23日

	英镑
报纸	3.30
前厅用杂志	7.50
小计	10.80
6月19日出租车花费剩余	1.40
总计	9.40

签字：马蒂

备用金付款凭证
6月24日

	英镑
招待会用花	15.60
前厅用花	5.20
急需文具	10.75
总计	31.55

签字：杰妮

备用金付款凭证
6月24日

	英镑
饼干	1.86
糖	1.54
茶	2.50
灯泡	3.80
电池	2.30
总计	12.00

签字：克里斯汀

备忘录
我从备用金中取走5英镑用来支付出租车费。

马蒂
6月19日

备忘录
我从备用金中取走5英镑用来买邮票。我将找零1.65英镑放回盒子。

杰妮
6月11日

请注意：a. 6月1日时备用金箱内有72.30英镑；b. 在6月6日、13日、20日和27日分别向备用金箱内放入了75英镑。

1. 共有多少付款凭证和备忘录？

2. 付款凭证比备忘录多多少？

3. 付款凭证数量除以备忘录数量等于多少？

4. 4次总共放入多少备用金？

5. 75英镑是总共放入备用金的百分之多少？

6. 6月7日克里斯汀总共拿走多少钱？

7. 4.25英镑是8.50英镑的百分之多少？

8. 6月9日桑迪总共拿走多少钱？

9. 5.65英镑是22.60英镑的百分之多少？

10. 6月15日，克里斯汀花在花卉上的钱比花在杂志上的钱多多少？

11. 克里斯汀在6月15日比在6月24日多花了多少钱？

12. 克里斯汀在6月24日的花费是她在6月15日花费的百分之多少？

13. 根据杰妮6月11日的备忘录来看，她在邮票上花了多少钱？

14. 比尔在6月1日的汽油花费是汽油总花费的百分之多少？

15. 约翰6月10日花费在零食上的金额是其花费总金额的百分之多少？

16. 5月份杰克花费在窗户保洁上的金额是其总花费的百分之多少？

17. 6月22日杰妮的花费总数应当为多少？

18. 从6月19日的付款凭证和23日的备忘录来看，马蒂总共花费多少钱？

19. 在6月19日和23日这两天的真实花费中，出租车花费所占的百分比是多少？

20. 在6月7日到16日之间，真实的总花费为多少？

答案

1. 14	6. 12.75 英镑	11. 3.00 英镑	16. 37.5%
2. 10	7. 50%	12. 80%	17. 33.40 英镑
3. 6	8. 28.25 英镑	13. 3.35 英镑	18. 14.40 英镑
4. 300 英镑	9. 25%	14. 10%	19. 25%
5. 25%	10. 2.50 英镑	15. 24%	20. 225 英镑

得分

正确个数－错误个数＝______

16岁以下测试人员的分值加2，17～20岁测试人员的分值加1。＋______

测试得分＝______

按照以下表格将你的分数转换成10分制，或称为“标准10分”的分数，随即将“标准10分”的分数填入附表1（见244页）中。

测试得分	1～6	7～8	9	10～11	12～13
标准 10 分	1	2	3	4	5
测试得分	14～15	16～17	18～19	20～21	22+
标准 10 分	6	7	8	9	10

第14章

数字计算测试

此测试需要你进行多种不同的计算。测试包括整数的测试，同时也包括小数、百分数和分数的测试。此测试不允许你使用计算器。

在测试中："+"代表加法，"−"代表拿走或减法，"×"代表乘法，"÷"代表除法。

请在每道题目的右侧空白处填写答案。请仔细阅读下列示例，第一道题目的答案已经给出。

示例

1. $10 \div 2 = ?$ 5
2. 20英镑的50%等于多少？ ______
3. $3 \times \frac{1}{2} = ?$ ______
4. $1.3 - 0.9 = ?$ ______

示例2的答案是10英镑。50%与$\frac{5}{10}$是一样的。20英镑的$\frac{1}{10}$是2英镑，所以$\frac{5}{10}$就是10英镑。

示例3的答案是 $1\frac{1}{2}$。3个一半可以构成一个再加半个，与3的一半是一样的。

示例4的答案是0.4。你可以按照13减去9来算，然后将小数点放在正确的位置。

请准备一张草稿纸用来记录你所需的答题过程。如果本书非你个人所有，请不要在此做标记，你可在草稿纸上列出答案。

限时：10分钟

1. $10 - 5 = ?$ ________
2. 40英镑的10%等于多少？ ________
3. $4 \times \frac{1}{2} = ?$ ________
4. $1.6 - 0.3 = ?$ ________
5. $21 \div 7 = ?$ ________
6. 40英镑的5%等于多少？ ________
7. $8 \times \frac{1}{4} = ?$ ________
8. $2.1 + 1.9 = ?$ ________
9. $10 \times 13 = ?$ ________
10. 100英镑的3%等于多少？ ________
11. $16 \times \frac{1}{4} = ?$ ________
12. $3.08 + 2.19 = ?$ ________
13. $156 \div 12 = ?$ ________
14. $\frac{1}{3} \times \frac{1}{3} = ?$ ________
15. 300英镑的7.5%等于多少？ ________
16. $15 \div 2.5 = ?$ ________
17. $106.7 - 103.81 = ?$ ________
18. 32占50的百分之多少？ ________
19. 一块长方形的地板长3米，宽2.5米，这块地板的面积是多少平方米？ ________

20. 200英镑的22.5%等于多少？ ________

21. $4\frac{1}{4} \times \frac{1}{4}$ = ？ ________

22. 0.07 × 0.02 = ？ ________

23. 17 × 29 = ？ ________

24. 40英镑的6%加20英镑的12.5%等于多少？ ________

25. 6 ÷ 8 = ？ ________

26. 0.09 ÷ 0.3 = ？ ________

27. 如果你用50英镑购买最多的单价为1.99英镑的物品，找零多少钱？ ________

28. 如果美元和英镑的汇率是1.45：1，那么10英镑可以兑换多少美元？ ________

29. 1 000英镑的贷款利息为每年20%。那么第二年年底需要付多少钱的利息？ ________

30. 如果一件商品降价40%后是126英镑，那么其原价是多少？

____

答案

1. 5	7. 2	13. 13	19. 7.5	25.0.75
2. 4 英镑	8. 4	14. 1/9	20. 45 英镑	26. 0.3
3. 2	9. 130	15. 22.50 英镑	21. 17/16	27. 25 便士
4. 1.3	10. 3 英镑	16. 6	22. 0.0014	28. 14.50 美元
5. 3	11. 4	17. 2.89	23. 493	29. 440 英镑
6. 2 英镑	12. 5.27	18. 64%	24. 4.90 英镑	30. 210 英镑

得分

正确个数 − 错误个数 = ______

16岁以下测试人员的分值加2，17 ~ 20岁测试人员的分值加1。+ ______

测试得分 = ______

按照以下表格将你的分数转换成10分制，或称为“标准10分”的分数，随即将“标准10分”的分数填入附表1（见244页）中。

测试得分	1 ~ 4	5 ~ 8	9 ~ 12	13 ~ 15	16 ~ 17
标准 10 分	1	2	3	4	5
测试得分	18 ~ 19	20 ~ 22	23 ~ 24	25 ~ 26	27+
标准 10 分	6	7	8	9	10

解析

1. $10 - 5 = 5$	2. $\frac{40}{1} \times \frac{10}{100}$ $= \frac{400}{100}$ $= 4$ 英镑
3. $4 \times \frac{1}{2}$ $= \frac{4}{1} \times \frac{1}{2}$ $= \frac{4}{2}$ $= 2$	4. $1.6 - 0.3 = 1.3$

5. $7\overline{)21}$ 商 3 21 0	6. $\frac{40}{1} \times \frac{5}{100}$ $= \frac{200}{100}$ = 2 英镑
7. $\frac{8}{1} \times \frac{1}{4}$ $= \frac{8}{4}$ $= 2$	8. $\begin{array}{r} 2.1 \\ +\ 1.9 \\ \hline 4.0 \end{array}$
9. $\begin{array}{r} 10 \\ \times\ 13 \\ \hline 100 \\ 30 \\ \hline 130 \end{array}$	10. $\frac{100}{1} \times \frac{3}{100}$ $= \frac{300}{100}$ = 3 英镑
11. $\frac{16}{1} \times \frac{1}{4}$ $= \frac{16}{4}$ $= 4$	12. $\begin{array}{r} 3.08 \\ +\ 2.19 \\ \hline 5.27 \end{array}$
13. $12\overline{)156}$ 商 13 12 36 36 0	14. $\frac{1}{3} \times \frac{1}{3} = \frac{1}{9}$
15. 100英镑的7.5%等于7.50英镑，所以300英镑的7.5%等于22.50英镑。	16. $15 \div 2\frac{1}{2}$ $= \frac{15}{1} \div \frac{5}{2}$ $= \frac{15}{1} \times \frac{2}{5}$ $= \frac{30}{5}$ $= 6$

17. $\begin{array}{r} 106.70 \\ -\,103.81 \\ \hline 2.89 \end{array}$	18. $\frac{32}{50} \times \frac{100}{1}$ $= \frac{32}{1} \times \frac{2}{1}$ $= 64$
19. $\begin{array}{r} 2.5 \\ \times\quad 3 \\ \hline 7.5 \end{array}$	20. 200英镑的22.5%: $\frac{200}{1} \times \frac{45}{200}$ = 45 英镑
21. $4\frac{1}{4} \times \frac{1}{4}$ $= \frac{17}{4} \times \frac{1}{4}$ $= \frac{17}{16}$	22. $\begin{array}{r} 0.07 \\ \times\ 0.02 \\ \hline 0.001\,4 \end{array}$
23. $\begin{array}{r} 17 \\ \times\quad 29 \\ \hline 340 \\ 153 \\ \hline 493 \end{array}$	24. 40英镑的6%： $\frac{40}{1} \times \frac{6}{100} = 2.40$ 英镑 20英镑的12.5%： $\frac{20}{1} \times \frac{25}{200} = 2.50$ 英镑 总计: 2.40 + 2.50 = 4.90英镑

25. 6除以8： $\frac{6}{1} \div \frac{8}{1}$ $= \frac{6}{1} \times \frac{1}{8}$ $= \frac{3}{4}$ 或 0.75	26. 0.09除以0.3： $\frac{9}{100} \div \frac{3}{10}$ $= \frac{9}{100} \times \frac{10}{3}$ $= \frac{3}{10}$ 或 0.3
27. 1.99 + 0.01 = 2 英镑。用50英镑除以2英镑后再乘0.01得到零钱25便士。	28. 将美元兑英镑的汇率乘10得到14.50美元。
29. 第一年： $\frac{1\,000}{1} \times \frac{20}{100}$ $= \frac{10}{1} \times \frac{20}{1}$ = 200 英镑 第二年需要计算第一年本金加利息后总共的利息： $\frac{1\,200}{1} \times \frac{20}{100}$ $= \frac{12}{1} \times \frac{20}{1}$ = 240 英镑 两年之后的总金额： 200 + 240 = 440英镑	30. 如果126英镑是原价的60%，那么原价则是： $\frac{126}{1} \times \frac{100}{60}$ $= \frac{126}{1} \times \frac{5}{3}$ $= \frac{630}{3}$ = 210 英镑

第15章 数字技能测试

此测试能够衡量你在实际生活中使用数字的能力，你首先需要计算，然后从给出的选项中找到正确的答案。本测试不允许使用计算器或计算机，你需要在正确答案下方画线或打钩。如有需要，请准备草稿纸和铅笔进行计算。以下示例的答案已经给出，你可以参考作答。

示例

1. 12英镑除以2等于多少？

a. 3英镑　b. 4英镑　c. 12英镑　<u>d. 6英镑</u>　e. 1英镑

2. 1.5加0.5等于多少？

a. 4　b. 2.5　c. 5　d. 1　<u>e. 2</u>

3. 60的10%等于多少？

a. 1　<u>b. 6</u>　c. 100　d. 0　e. 40

4. 8的$\frac{1}{4}$等于多少？

a. $\frac{1}{3}$　b. 4　c. 5　d. $\frac{1}{2}$　<u>e. 2</u>

示例1的答案是d。12英镑中有两个6英镑。示例2的答案是e。1.5和0.5可以写为$1\frac{1}{2}$和$\frac{1}{2}$。示例3的答案是b，因为10%也可以说成100中的10份或10中的1份，而60除以10结果为6。示例4的答案是e，1/4可以说成4中的1份，而8中有两个4。

如需计时，则请在10分钟内快速而准确作答。请记住，你可能需要一张草稿纸和一支铅笔。请准备好之后开始作答。

限时：10分钟

1. 17减5等于多少？

a. 12　　b. 16　　c. 10　　d. 13　　e. 14

2. 1.5加1.5等于多少？

a. 1　　b. 3　　c. 3.5　　d. 2　　e. 2.5

3. 10英镑的50%等于多少？

a. 2英镑　　b. 6英镑　　c. 1英镑

d. 4英镑　　e. 5英镑

4. $\frac{1}{2}$加$\frac{1}{4}$等于多少？

a. $1\frac{1}{2}$　　b. $\frac{13}{4}$　　c. $\frac{3}{4}$　　d. 2　　e. $\frac{1}{4}$

5. 6除以2等于多少？

a. 3　　b. 2　　c. 1/2　　d. 1　　e. 6

6. 1.25加8.75等于多少？

a. 9　　b. 10　　c. 11　　d. $9\frac{1}{2}$　　e. 11

7. 18.50英镑的50%等于多少？

a. 10.50英镑　　b. 9.25英镑　　c. 8.25英镑

d. 9.50英镑　　e. 9英镑

8. $1\frac{3}{4}$乘以2等于多少？

a. $3\frac{1}{4}$　　b. $3\frac{3}{4}$　　c. $2\frac{1}{2}$　　d. $2\frac{3}{4}$　　e. $3\frac{1}{2}$

9. 24除以8等于多少?

a. 4 b. 3 c. 5 d. 6 e. 2

10. 1.3加10.3等于多少?

a. 10.46 b. 17.6 c. 10.43 d. 11.6 e. 10.8

11. 22.20英镑的10%等于多少?

a. 11.10英镑 b. 12.10英镑 c. 2.22英镑

d. 2.10英镑 e. 2.20英镑

12. $\frac{1}{2}$除以2等于多少?

a. $\frac{1}{4}$ b. 8 c. 2 d. 4 e. $\frac{1}{2}$

13. 10个人平分30英镑，每个人分得多少?

a. 10英镑 b. 2英镑 c. 3英镑 d. 15英镑 e. 5英镑

14. 3.6除以3等于多少?

a. 1.4 b. 1.2 c. 10.8 d. 3.2 e. 1.3

15. 200英镑的17.5%等于多少?

a. 39英镑 b. 29英镑 c. 70英镑

d. 35英镑 e. 34.50英镑

16. $\frac{3}{4}$除以3等于多少?

a. $\frac{1}{6}$ b. 1/12 c. 4 d. $\frac{1}{4}$ e. 9

17. 如果16个人每人得到5英镑，那么分配前的总金额是多少?

a. 70英镑 b. 64英镑 c. 30英镑 d. 60英镑 e. 80英镑

18. 7.09减去2.04等于多少?

a. 5.05 b. 4.03 c. 5.15 d. 4.15 e. 4.05

19. 96英镑的12.5%等于多少？

a. 18.20英镑　　b. 18英镑　　c. 14.40英镑

d. 9.60英镑　　e. 12英镑

20. 65英镑的$\frac{1}{5}$等于多少？

a. 1.30英镑　　b. 13英镑　　c. 13.50英镑

d. 12.50英镑　　e. 11英镑

21. 7个人平均分摊假期花销，总花销是1 785英镑，那么每人分摊多少钱？

a. 245英镑　　b. 235英镑　　c. 265英镑

d. 255英镑　　e. 112.20英镑

22. 8.001、4.36和0.009 8的总和是多少？

a. 13.070 9　　b. 12.370 8　　c. 13.232 9

d. 12.370 9　　e. 14.370 8

23. 一辆新车的价格是18 000英镑，那么当降价5%时，它的价格是多少？

a. 17 100英镑　　b. 16 200英镑　　c. 15 000英镑

d. 17 200英镑　　e. 17 400英镑

24. $4\frac{1}{2}$加$3\frac{5}{6}$等于多少？

a. $8\frac{2}{3}$　　b. $7\frac{2}{3}$　　c. $9\frac{2}{6}$　　d. $7\frac{1}{2}$　　e. $8\frac{1}{3}$

25. 一个人卖车挣了3 550英镑，又买了辆新车花了16 040英镑。这两辆车的差价是多少？

a. 12 380英镑　　b. 12 590英镑　　c. 12 490英镑

d. 11 490英镑　　e. 13 490英镑

26.一条长度为12米的木头需要被分割成三条长为285厘米的小木头，那么分割完之后还剩多少厘米的木头？

a. 345　　b. 245　　c. 355　　d. 145　　e. 385

27.每件商品的单价为5.70英镑，但批量订购10件或以上商品可以降价2%，那么订购15件商品的价格是多少？

a. 84.89英镑　　b. 84.79英镑　　c. 83.79英镑

d. 83.69英镑　　e. 73.79英镑

28. $\frac{1}{7}$ 的 $\frac{1}{7}$ 是多少？

a. 49　　b. $\frac{1}{49}$　　c. $\frac{1}{7}$　　d. 7　　e. $\frac{1}{14}$

29. 两个人的用餐账单总共是36.30英镑。其中一人的花销是另一人的两倍，那么两餐中便宜的一餐是多少钱？

a. 13.10英镑　　b. 26.20英镑　　c. 12.15英镑

d. 12.10英镑　　e. 12.20英镑

30. 苹果的价格是每千克1.80英镑，那么2.8千克苹果的价格是多少？

a. 4英镑　　b. 4.84英镑　　c. 4.94英镑

d. 5.14英镑　　e. 5.04英镑

31. 一个班有25个孩子，其中4个孩子不认字。那么这4个孩子所占的百分比是多少？

a. 25%　　b. 16%　　c. 12%　　d. 8%　　e. 15%

32. $\frac{2}{5}$ 加 $\frac{1}{6}$，再加 $\frac{1}{3}$ 等于多少？

a. $\frac{7}{8}$　　b. $\frac{17}{18}$　　c. $\frac{29}{30}$　　d. $\frac{4}{5}$　　e. $\frac{9}{10}$

33. 8个成人和16个孩子总共的假期花销是5 400英镑。如果每个成人的花销是孩子的两倍，那么每个孩子的花销是多少？

a. 540英镑　　b. 270英镑　　c. 225英镑

d. 168.75英镑　　e. 337.50英镑

34. 3.073除以0.04等于多少？

a. 76.825　　b. 7.682 5　　c. 768.25

d. 7 682.5　　e. 0.768 25

35. 425英镑的27%等于多少？

a. 94.75英镑　　b. 114.75英镑　　c.104.75英镑

d. 124.75英镑　　e. 84.75英镑

36. 200的$\frac{3}{16}$写成百分比等于多少？

a. 62.5%　　b. 77.5%　　c. 75%　　d. 65%　　e. 37.5%

37. 1 095乘以13再除以15等于多少？

a. 949　　b. 1 049　　c. 948　　d. 959　　e. 947

38. 0.07除以350等于多少？

a. 0.2　　b. 0.02　　c. 0.002　　d. 0.000 2　　e. 2

39. 当一个人决定买房的时候，房价上涨了8%，达到182 000英镑。那么在房价上涨前的价格大约是多少？

a. 170 000英镑　　b. 167 500英镑

c. 168 500英镑　　d. 169 000英镑

40. $3\frac{1}{2}$除以$2\frac{1}{4}$等于多少？

a. $6\frac{1}{8}$　　b. $1\frac{1}{2}$　　c. $1\frac{8}{9}$　　d. $1\frac{4}{5}$　　e. $1\frac{5}{9}$

答案

1. a	6. b	11. c	16. d	21. d	26. a	31. b	36. e
2. b	7. b	12. a	17. e	22. b	27. c	32. e	37. a
3. e	8. e	13. c	18. a	23. a	28. b	33. d	38. d
4. c	9. b	14. b	19. e	24. e	29. d	34. a	39. c
5. a	10. d	15. d	20. b	25. c	30. e	35. b	40. e

得分

正确个数－错误个数＝______

16岁以下测试人员的分值加2，17～20岁测试人员的分值加1。+______

测试得分＝______

按照以下表格将你的分数转换成10分制，或称为“标准10分”的分数，随即将“标准10分”的分数填入附表1（见244页）中。

测试得分	1～2	3～4	5～8	9～12	13～16
标准 10 分	1	2	3	4	5
测试得分	17～20	21～25	26～30	31～35	36+
标准 10 分	6	7	8	9	10

解析

1. $\begin{array}{r} 17 \\ -\ \underline{5} \\ 12 \end{array}$	2. $\begin{array}{r} 1.5 \\ +\ \underline{1.5} \\ 3.0 \end{array}$

3. 10英镑的50%是： $\frac{10}{1} \times \frac{50}{100}$ $= \frac{10}{1} \times \frac{1}{2}$ $= \frac{10}{2}$ = 5 英镑	4. $\frac{1}{2} + \frac{1}{4}$ $= \frac{2}{4} + \frac{1}{4}$ $= \frac{3}{4}$
5. $2\overline{)6}$ 商 3 6 0	6. $1.25 + 8.75 = 10.00$
7. $18\frac{1}{2} \times \frac{50}{100}$ $= \frac{37}{2} \times \frac{1}{2}$ $= \frac{37}{4}$ = 9.25 英镑	8. $1\frac{3}{4} \times \frac{2}{1}$ $= \frac{7}{4} \times \frac{2}{1}$ $= \frac{14}{4}$ $= \frac{7}{2}$ $= 3\frac{1}{2}$
9. $8\overline{)24}$ 商 3 24 0	10. $1.3 + 10.3 = 11.6$

11. 22.20英镑的10%即小数点向左移动一位，变成2.22英镑。	12. $\frac{1}{2} \div \frac{2}{1}$ $= \frac{1}{2} \times \frac{1}{2}$ $= \frac{1}{4}$
13. 30英镑的$\frac{1}{10}$： $\frac{30}{1} \times \frac{1}{10}$ $= \frac{30}{10}$ $= \frac{3}{1}$ $= 3$	14. $\begin{array}{r} 1.2 \\ 3\overline{)3.6} \\ \underline{3} \\ 6 \\ \underline{6} \\ 0 \end{array}$
15. 200英镑的17.5%： $\frac{200}{1} \times \frac{35}{200}$ $= \frac{1}{1} \times \frac{35}{1}$ $= \frac{35}{1}$ = 35 英镑	16. $\frac{3}{4} \div \frac{3}{1}$ $= \frac{3}{4} \times \frac{1}{3}$ $= \frac{1}{4} \times \frac{1}{1}$ $= \frac{1}{4}$
17. $\begin{array}{r} 16 \\ \times\ 5 \\ \hline 80 \end{array}$	18. $\begin{array}{r} 7.09 \\ -2.04 \\ \hline 5.05 \end{array}$

19. 96英镑的12.5%：

$$\frac{96}{1}\times\frac{25}{200}$$

$$=\frac{96}{1}\times\frac{1}{8}$$

$$=\frac{12}{1}\times\frac{1}{1}$$

= 12 英镑

20. 65英镑的1/5：

$$\frac{65}{1}\times\frac{1}{5}$$

$$=\frac{13}{1}\times\frac{1}{1}$$

= 13 英镑

21.

$$\begin{array}{r} 255 \\ 7\overline{)1\,785} \\ \underline{1\,4} \\ 38 \\ \underline{35} \\ 35 \\ \underline{35} \\ 0 \end{array}$$

22.

$$\begin{array}{r} 8.001 \\ +\ \ 4.36 \\ \hline 12.361 \\ +\ \ 0.009\,8 \\ \hline 12.370\,8 \end{array}$$

23. 18 000英镑的95%：

$$\frac{18\,000}{1}\times\frac{95}{100}$$

$$=\frac{180}{1}\times\frac{95}{1}$$

= 17 100 英镑

24. $4\frac{1}{2}$加$3\frac{5}{6}$：

$$4\ \frac{1}{2}+3\ \frac{5}{6}$$

$$=7\ \frac{1}{2}+\frac{5}{6}$$

$$=7\ \frac{3}{6}+\frac{5}{6}$$

$$=7\ \frac{8}{6}$$

$$=8\ \frac{1}{3}$$

25. $\begin{array}{r} 16\,040 \\ -\ \ 3\,550 \\ \hline 12\,490 \end{array}$	26. $285 \times 3 = 855$ 厘米 $1\,200 - 855 = 345$ 厘米
27. $\begin{array}{r} 5.70 \\ \times\ \ \ 15 \\ \hline 5700 \\ 2850 \\ \hline 85.50 \end{array}$ 85.50英镑的98%是： $85\frac{1}{2} \times \frac{98}{100}$ $= \frac{171}{2} \times \frac{98}{100}$ $= 83.79$ 英镑	28. $\frac{1}{7} \times \frac{1}{7} = \frac{1}{49}$
29. 一个人花费账单的$\frac{1}{3}$，将账单总额除以3得到一份账单的钱数。	30. $\begin{array}{r} 2.8 \\ \times\ \ 1.8 \\ \hline 280 \\ 224 \\ \hline 5.04 \end{array}$ 即5.04英镑
31. $4 \div 25$ $= 4 \times \frac{1}{25}$ $= 0.16$	32. $\frac{2}{5} + \frac{1}{6} + \frac{1}{3}$ $= \frac{12}{30} + \frac{5}{30} + \frac{10}{30}$ $= \frac{27}{30}$ $= \frac{9}{10}$

33. 8个成人的花销等于16个孩子的花销，所以可以将总数等同于32个孩子的花销。5 400英镑除以32：

$$
\begin{array}{r}
168.75 \\
32\overline{)5\,400} \\
3\,2 \\
\hline
2\,20 \\
1\,92 \\
\hline
280 \\
256 \\
\hline
240 \\
224 \\
\hline
160 \\
160 \\
\hline
0
\end{array}
$$

即168.75英镑

34. 3.073 ÷ 0.04可以简化为：

$$
\begin{array}{r}
76.825 \\
4\overline{)307.300} \\
28 \\
\hline
27 \\
24 \\
\hline
33 \\
32 \\
\hline
10 \\
8 \\
\hline
20 \\
20 \\
\hline
0
\end{array}
$$

35. 425英镑的27%是：

$$\frac{425}{1} \times \frac{27}{100}$$

$$= \frac{27}{4} \times \frac{17}{1}$$

$$= \frac{459}{4}$$

= 114.75 英镑

36.

$$\frac{200}{1} \times \frac{3}{16}$$

$$= \frac{50}{1} \times \frac{3}{4}$$

$$= \frac{150}{4}$$

$$= 37\frac{2}{4}$$

$$= 37.5$$

37. $\begin{array}{r} 1\,095 \\ \times\quad 13 \\ \hline 3\,285 \\ 10\,950 \\ \hline 14\,235 \end{array}$ $\begin{array}{r} 949 \\ 15\overline{)14\,235} \\ 13\,5 \\ \hline 73 \\ 60 \\ \hline 135 \\ 135 \\ \hline 0 \end{array}$	38. $\begin{array}{r} 0.000\,2 \\ 350\overline{)0.070\,0} \\ 700 \\ \hline 0 \end{array}$
39. $182\,000 \div (1 + 8\%)$ $= 182\,000 \div 1.08$ $\approx 168\,518.52$英镑	40. $3\frac{1}{2} \div 2\frac{1}{4}$ $= \frac{7}{2} \div \frac{9}{4}$ $= \frac{7}{2} \times \frac{4}{9}$ $= \frac{14}{9}$ $= 1\frac{5}{9}$

第16章
精确计算测试

此测试会给你一个算式，你需要算出缺失的数字是多少，然后从5个选项中选出正确的答案。（请记住，“+”代表加法，“−”代表减法，“×”代表乘法，“÷”代表除法。）

你可以按任意方式作答。你可以在正确答案上画十字、打钩、画圈或画下画线，最好使用铅笔作答，以便于修改。请准备一些草稿纸以备进行粗略计算。

示例——缺失的数字是多少？

1. 9 ÷ 3 = ?

   a. 3　　b. 4　　c. 9　　d. 527

2. 12 × ? = 24

   a. 7　　b. 24　　c. 2　　d. 86

3. 5.00英镑 ÷ 2 = ?

   a. 0.5英镑　　b. 1英镑　　c. 2.50英镑
   d. 1.50英镑　　e. 10英镑

4. 1.50英镑 + 2.00英镑 + ? = 6.00英镑

   a. 2英镑　　b. 1.50英镑　　c.1英镑
   d. 2.50英镑　　e. 0.50英镑

示例1中，数字9除以3得到3。示例2中，12乘以2得到24。示例3中，5.00英镑除以2得到2.50英镑。示例4中，1.50英镑加2.00英镑，再加2.50英镑才能得到6.00英镑。

此测试限时12分钟，你需要在规定时间内快速而准确作答。准备好后，请开始计时作答。

限时：12分钟

缺失的数字是多少？

1. $6 + 9 = ?$

a. 14　b. 15　c. 3　d. 17　e. 18

2. $11 + ? = 23$

a. 12　b. 14　c. 6　d. 10　e. 11

3. $? - 4 = 3$

a. 8　b. 1　c. 7　d. 9　e. 6

4. $12 \div 2 = ?$

a. 1　b. 8　c. 4　d. 24　e. 6

5. $? \div 8 = 2$

a. 16　b. 4　c. 12　d. 2　e. 8

6. $5 \times ? = 35$

a. 3　b. 9　c. 6　d. 7　e. 5

7. $15 + ? + 15 = 40$

a. 24　b. 5　c. 20　d. 10　e. 15

8. $16 \times ? = 48$

a. 2　b. 32　c. 8　d. 4　e. 3

9. $35 - ? = 19$

a. 16　b. 21　c. 26　d. 54　e. 70

10. ? ÷ 7 = 13

a. 81　b. 19　c. 13　d. 91　e. 61

11. 38 × 7 = ?

a. 196　b. 166　c. 266　d. 264　e. 164

12. ? − 94 = 167

a. 198　b. 261　c. 241　d. 291　e. 271

13. 6.50英镑 + ? = 10英镑

a. 2.50英镑　b. 4.50英镑　c. 1.50英镑

d. 2.00英镑　e. 3.50英镑

14. 9.75英镑 − ? = 5.95英镑

a. 1.80英镑　b. 3.80英镑　c. 1.90英镑

d. 3.20英镑　e. 4.20英镑

15. ? × 9 = 216

a. 24　b. 23　c. 14　d. 34　e. 22

16. 217 + 318 + ? = 1 006

a. 371　b. 605　c. 535　d. 471　e. 392

17. 39 × ? = 351

a. 12　b. 8　c. 9　d. 10　e. 11

18. 1 091 − ? = 892

a. 199　b. 99　c. 209　d. 189　e. 210

19. 7.5 ÷ 3 = ?

a. 22.5　b. 21.5　c. 2.5　d. 3.5　e. 2.00

20. 4.9 × ? = 29.4

a. 6.1　b. 5.5　c. 2.5　d. 7　e. 6

21. 51.2 + 38.9 + ? = 101.5

a. 22.8　b. 11.4　c. 10.6　d. 11.2　e. 12.4

22. 13.91英镑 − ? = 9.64英镑

a. 4.23英镑　b. 4.33英镑　c. 5.27英镑　d. 3.27英镑　e. 4.27英镑

23. ? × 10.5 = 210

a. 20.5　b. 40　c. 30　d. 20　e. 15

24. ? ÷ 4 = 11.05英镑

a. 44.20英镑　b. 28.20英镑　c. 40.20英镑　d. 45英镑　e. 46英镑

25. 20英镑 × 10% = ?

a. 1英镑　b. 10英镑　c. 0.20英镑　d. 2英镑　e. 2.20英镑

26. 24.5英镑 + ? + 107.77英镑 = 299.81英镑

a. 167.54英镑　b. 268.67英镑　c. 168.64英镑

d. 167.20英镑　e. 158.94英镑

27. ? × 25% = 37.50英镑

a. 115英镑　b. 150英镑　c. 75英镑

d. 18.75英镑　e. 75.25英镑

28. ? × 7.3 = 424.13

a. 57.1　b. 57.9　c. 58.1　d. 59.1　e. 56.1

29. 76英镑 × 15 = ?

a. 980英镑　b. 1 040英镑　c. 1 220英镑

d. 1 340英镑　e. 1 140英镑

30. ? ÷ 11 = 114.60英镑

a. 1 060.40英镑　b. 1 160.40英镑　c. 1 260.60英镑

d. 1 140.60英镑　　e. 1 160.60英镑

31. 151.91英镑 + 263.87英镑 + 23.99英镑 = ?

a. 429.77英镑　　b. 439.77英镑　　c. 469.67英镑

d. 429.77英镑　　e. 439.87英镑

答案

1. b	6. d	11. c	16. d	21. b	26. a	31. b
2. a	7. d	12. b	17. c	22. e	27. b	
3. c	8. e	13. e	18. a	23. d	28. c	
4. e	9. a	14. b	19. c	24. a	29. e	
5. a	10. d	15. a	20. e	25. d	30. c	

得分

正确个数 − 错误个数 = ______

16岁以下测试人员的分值加2，17～20岁测试人员的分值加1。+ ______

测试得分 = ______

按照以下表格将你的分数转换成10分制，或称为“标准10分”的分数，随即将“标准10分”的分数填入附表1（见244页）中。

测试得分	1～3	4	5～6	7～8	9～10
标准 10 分	1	2	3	4	5
测试得分	11～12	13～14	15～17	18～21	22+
标准 10 分	6	7	8	9	10

第七部分

系统测试

这一部分中的两项测试都需要你保持绝对集中的注意力，同时快速做出决策，决策的准确度非常重要。这一决策过程反映出很多编程或操作工作中出现的问题，在这些工作中，你一旦出现错误，想要返回并查找出问题根源会异常艰难且耗时费力。因此，你做此类测试题的方法可以很好地反映出一些问题。例如，即使你通过天赋取得了高分，心理学家依然会仔细查看你是否同时犯了许多错误，因为这可能会不利于你做某些工作。在这些工作中，质比量更重要，虽然你可能做工作比较慢，但也好过满是错误。

测试17，系统测试。此测试可以评估你将一种数据转换为另一种数据的能力。大多数人会不断查看新符号所对应的字母，这样的方法具有很高的准确性和严谨度，因为出现的为数不多的错误并不会反复出现。然而当一个人以更快的速度记住一种符号和其对应的字母时，情况会有所不同，在整个过程中任何错误都可能会出现，进而引发一系列错误。记忆法有一点好处，即它可以提供解决问题的方法，通过审视记忆过程而非单独检查每一道题目，人们可以发现可能出现的问题及解决问题的方法。

测试18，编码测试。此测试与测试17在某些角度相似，然而此测试的不同之处在于答案是新出现的（而并非选项中的某一个），并且我们能够理解答案所代表的意思。但是，虽然你可以在解决问题的过程中猜出答案，但你仍需确认自己的答案。如果人们拥有这部分测试所反映出的能力，那么他们适合在金融交易、法律以及多种管理领域中工作。

第17章
系统测试

此项测试会给你一排字母和符号，每一个字母对应一个单独的符号。在每一组对应关系中，字母在上方，符号在下方。

你的任务是找到每个符号的对应字母，将其填入空白处。下方的示例会告诉你怎么做。这一排题目中的前9个已经为你给出答案，请完成剩下的3个。

示例

A	B	C	D	E	F	G	H	I	J	K	L
✈	🕈	☜	🕯	❄	✡	✞	✋	🏳	💣	☯	☪

1.	2.	3.	4.	5.	6.	7.	8.	9.	10.	11.	12.
D	G	J	H	D	F	A	K	I			
🕯	✞	💣	✋	🕯	✡	✈	☯	🏳	☜	✈	🕈

题目中10、11和12的答案是C、A和B。

在回答每一排字母和符号的对应关系之前，请首先查看上方的符号和字母。然后在每一道题目的符号上方填入对应的缺失字母。请快速而准确作答，这一点非常重要。

如果本书非你个人所有，请不要在此做标记，你可在草稿纸上列出答案和解题过程。如果希望进行能力评估，请记录你在4分钟内所答的题目；如果无须测评，则不用计时，答完即可。

限时：4分钟

A	B	C	D	E	F	G	H	I	J	K	L
✈	🕈	☜	🕯	❄	✡	✞	🖐	🏳	💣	☯	☪

1.	2.	3.	4.	5.	6.	7.	8.	9.	10.	11.	12.
☪	✈	💣	🖐	🏳	❄	✈	🖐	☪	🕈	✈	🕯

13.	14.	15.	16.	17.	18.	19.	20.	21.	22.	23.	24.
🏳	🖐	🕯	☪	🏳	✡	☪	☜	🏳	🕈	❄	✡

25.	26.	27.	28.	29.	30.	31.	32.	33.	34.	35.	36.
☪	☯	☜	✡	☪	✈	🏳	❄	✞	🖐	💣	✈

37.	38.	39.	40.	41.	42.	43.	44.	45.	46.	47.	48.
✡	💣	✞	☪	🕯	🕈	☯	💣	❄	✡	🕯	☜

49.	50.	51.	52.	53.	54.	55.	56.	57.	58.	59.	60.
☯	❄	✞	🕯	☯	✡	✈	☜	✞	☪	💣	✞

A	B	C	D	E	F	G	H	I	J	K	L
✈	🕈	☞	🕯	❄	✡	🕆	🖐	🏳	💣	☯	☪

61.	62.	63.	64.	65.	66.	67.	68.	69.	70.	71.	72.
🕆	❄	🖐	☯	☯	🕈	💣	🕯	☪	🕆	✈	☞

73.	74.	75.	76.	77.	78.	79.	80.	81.	82.	83.	84.
🕯	🖐	🕆	🏳	🕈	☪	☯	❄	☪	🏳	✡	🕯

85.	86.	87.	88.	89.	90.	91.	92.	93.	94.	95.	96.
✡	💣	✈	🖐	☪	☯	❄	✈	🕈	🖐	🕯	🕆

97.	98.	99.	100.	101.	102.	103.	104.	105.	106.	107.	108.
🖐	✡	🏳	🕈	☪	🕯	🏳	☪	✈	🕈	💣	🖐

109.	110.	111.	112.	113.	114.	115.	116.	117.	118.	119.	120.
☯	💣	🕈	✈	🕆	🏳	❄	💣	🖐	✡	🕯	🕆

A	B	C	D	E	F	G	H	I	J	K	L
✈	⌖	☜	🕯	❄	✡	✞	✋	🏳	💣	☯	☪

M	N	O	P	Q	R	S	T	U	V	W	X
❖	♌	■	●	&	♒	♎	♋	📪	♓	⍓	◆

121.	122.	123.	124.	125.	126.	127.	128.	129.	130.	131.	132.
☜	🏳	💣	☯	☪	♋	📪	♓	⍓	◆	✈	⌖

133.	134.	135.	136.	137.	138.	139.	140.	141.	142.	143.	144.
&	✡	✞	■	✋	🏳	💣	☯	☪	♌	✞	♒

145.	146.	147.	148.	149.	150.	151.	152.	153.	154.	155.	156.
♋	📪	♓	◆	☪	♎	🕯	❄	📪	☜	&	❖

157.	158.	159.	160.	161.	162.	163.	164.	165.	166.	167.	168.
♌	♒	✈	✈	⌖	📪	&	☜	❖	◆	■	💣

169.	170.	171.	172.	173.	174.	175.	176.	177.	178.	179.	180.
&	☪	♒	📪	♌	&	■	🏳	💣	✡	✋	♎

181.	182.	183.	184.	185.	186.	187.	188.	189.	190.	191.	192.
◆	✡	✞	✋	■	✈	☪	🕯	❄	&	❖	☜

A	B	C	D	E	F	G	H	I	J	K	L
✈	⌖	☜	🕯	❄	✡	✞	✋	⚐	💣	☯	☪

M	N	O	P	Q	R	S	T	U	V	W	X
❖	♌	■	●	&	♒	♎	♋	📫	♓	⊡	◆

193.	194.	195.	196.	197.	198.	199.	200	201.	202.	203.	204.
📫	♌	♎	☜	❖	☪	◆	♒	✋	⚐	💣	■

205.	206.	207.	208.	209.	210.	211.	212.	213.	214.	215.	216.
◆	❖	☜	📫	♎	✈	☜	🕯	☪	🕯	❄	♒

答案

如果你认真对待这项测试，那么你只会偶尔出现错误，所以你所答过的题目会提供大体可靠的分数。如果你认为自己一直在猜测答案，那么你需要检查自己的答案。

得分

正确个数 − 错误个数 = ______（如果错误在3个以上）

按照以下表格将你的分数转换成10分制，或称为“标准10分”的分数，随即将“标准10分”的分数填入附表1（见244页）中。

测试得分	1 ~ 10	11 ~ 25	26 ~ 40	41 ~ 55	56 ~ 70
标准 10 分	1	2	3	4	5
测试得分	71 ~ 90	91 ~ 110	111 ~ 130	131 ~ 149	150+
标准 10 分	6	7	8	9	10

第18章
编码测试

此测试评估你快速从图画或符号推断出正确单词的能力。你需要利用一个表格将一系列符号转换成正确的单词。你必须将正确的单词填写在答题区空白处。

最好使用铅笔做答题标记，以便擦除答案进行修改。下面的示例1和示例2已经为你给出答案。

表格

4 A	5 B	6 C	0 D	= E	Θ F	E G	P H	O I	[J	∑ K	Γ L	ϑ M
Λ N	ϵ O	∴ P	Ξ Q	ζ R	N S	1 T	φ U	− V	λ W	α X	γ Y	M Z

示例

1. Θ46=　　　FACE

2. γϵφ　　　YOU

3. NO1　　　________

4. 4Oζ　　　________

示例3的答案是SIT，示例4的答案是AIR。

测试时间6分钟。你需要在规定时间内尽量做出更多的题目，并且保证准确性。如果本书非你个人所有，请不要在此做标记，你可在草稿纸上列出答案和解题过程。如果希望进行能力评估，请记录你在6分钟内所答的题目；如果无须测评，则不用计时，答完即可。

限时：6分钟

表格

4 A	5 B	6 C	0 D	= E	Θ F	E G	P H	O I	[J	∑ K	Γ L	ϑ M
Λ N	ϵ O	∴ P	Ξ Q	ζ R	N S	1 T	φ U	– V	ι W	α X	γ Y	M Z

1. 400 ________
2. Eϵ ________
3. 5ϵ ι ________
4. 6 ζ γ ________
5. 0O ∴ ________
6. ΘO5 ________
7. E4 ∴ ________
8. ϑO α ________
9. ∴ 4 γ ________
10. MO ∴ ________
11. ι O Γ 0 ________
12. φE Γ γ ________
13. 14 Γ ∑ ________
14. ζ 4–= ________
15. ∴ ζ ϵ0 ________
16. ΞφO ∴ ________

17. O0ϵ Γ ________

18. E4 ι ∑ ________

19. 0=Λ 1 ________

20. E ζ = γ ________

21. = α O Γ = ________

22. ∴ ζ OM= ________

23. Θ Γ φNP ________

24. ϑϵ ζ 14 Γ ________

25. Pφϑ5 Γ γ ________

26. 0ON64 ζ 0 ________

27. 0=Λ OM=Λ ________

28. O Λ Nϑ ζ = ________

29. Θ φN6ϵϑN ________

30. N4 Γ ϑ4Eφ Λ 0O ________

答案

1. ADD	11. WILD	21. EXILE
2. GO	12. UGLY	22. PRIZE
3. BOW	13. TALK	23. FLUSH
4. CRY	14. RAVE	24. MORTAL
5. DIP	15. PROD	25. HUMBLY
6. FIB	16. QUIP	26. DISCARD
7. GAP	17. IDOL	27. DENIZEN
8. MIX	18. GAWK	28. INSURE
9. PAY	19. DENT	29. FUSCOMS
10. ZIP	20. GREY	30. SALMAGUNDI

得分

正确个数－错误个数＝______

16岁以下测试人员的分值加2，17～20岁测试人员的分值加1。＋______

测试得分＝______

按照以下表格将你的分数转换成10分制，或称为“标准10分”的分数，随即将“标准10分”的分数填入附表1（见244页）中。

测试得分	1～3	4～5	6～7	8～9	10～12
标准 10 分	1	2	3	4	5
测试得分	13～15	16～17	18～19	20～21	22+
标准 10 分	6	7	8	9	10

第八部分

实用语言测试

本部分的3项测试旨在评估你有效使用英语语言的能力。基本技能中的拼写技能对于很多工作来说都是必不可少的。但是，当理解能力成为你工作中的重要技能时，拼写能力就不是必需的了。在这种情况下，测试会衡量更加抽象的能力，即你对词汇含义的推理能力。在很多职业中，这都是一项必备的技能，尤其在那些具有高端性、专业性的工作和管理层面的工作中。在这些工作中，你需要理解别人所说出或所写下的话语的内涵，以及这些话语中隐藏的一些影射，这一点非常重要。语言测试通常是最复杂的，因为一个单词可能会有多种不同的用法。词语非常难以琢磨，因为它们具有不同的、深层次的、隐藏的含义。

测试19，词汇用法测试。此项测试衡量的是你的理解能力和拼写能力，考查你对单词的掌握程度。**测试20，单词测试。**这项测试可以拓展你的词汇量。那些申请执行行政职位的“成功人士”可能会应用到这项测试。**测试21，精准词汇测试。**在这项测试中被测试者的受教育水平和受教育类型非常重要，所以我们对那些专业研究英语语言文学的研究生抱有很高的期望，认为他们可以取得高于平均水平的成绩。

如果你能够在这些测试中取得好成绩，那么你可以找到多种适合自己的职业，尤其是一些以书面交流为主的职业，例如记者、公关、广告和行政行业。

第19章
词汇用法测试

此项测试需要你从选项中选出正确的单词。请阅读以下示例。示例1和2已经为你给出答案，你可以参考作答。请自行作答其他示例，并选出正确的选项。

示例1

钢琴是一种大的，用来演奏音乐的 __b__。空白处应当填写哪个单词？

a. country（国家） b. instrument（乐器）

c. ship（船） d. band（乐队）

示例2

下面哪个单词有拼写错误？ __d__

a. national（国家的） b. comment（评论）

c. bargain（议价） d. certan（特定的）

示例3

下列哪个单词与其他单词不同？

a. argue（争论） b. clash（冲突）

c. agree（同意） d. fight（斗争）

示例4

当把下列顺序混乱的词语连成一句话时，第2个单词是什么？

a. machine（机器）　　b. a（一个）　　c. is（是）

d. helicopter（飞机）　　e. flying（飞行的）

示例1中，钢琴是一种大的、用来弹奏音乐的“instrument”。示例2中，“特定的”正确的拼写应当是“certain”，所以d不正确。示例3中，不一样的单词是“agree”，因为其他单词的意思都与“不同意”有关。示例4中，句子的正确顺序应为“A helicopter is a flying machine.”（飞机是一个飞行的机器），所以第二个单词应为“helicopter”。

如果本书非你个人所有，请不要在此做标记，你可在草稿纸上列出答案和解题过程。如果希望进行能力评估，请记录你在8分钟内所答的题目；如果无须测评，则不用计时，答完即可。

限时：8分钟

1. 骑车是一种 ______。空白处应当填写哪个单词？

a. wheel（轮子）　　b. sport（运动）

c. window（窗户）　　d. machine（机器）

2. 下面哪个单词有拼写错误？

a. traveling（旅行）　　b. offering（提供）

c. fastened（固定）　　d. forbidden（禁止）

3. 下列哪个单词与其他单词不同？

a. correct（正确的）　　b. genuine（真正的）

c. real（真实的） d. untrue（不真实的）

4. 如果第一个单词是“Biology”（生物），那么第二个单词是什么？

life the science of is biology

a. the（定冠词） b. science（科学）

c. is（是） d. of（属于）

5. 急救治疗是为一个 ______人所提供的？

a. unhelpful（没用的） b. intoxicated（陶醉的）

c. unqualified（没有资格的） d. injured（受伤的）

6. 下面哪个单词有拼写错误？

a. lonely（孤独的） b. rebellious（反叛的）

c. February（二月） d. adress（地址）

7. 下列哪个单词与其他单词不同？

a. drop（掉） b. hasten（促进）

c. surge（涌动） d. spring（弹）

8. 当把下列顺序混乱的词语连成一句话时，第一个单词是什么？

Cuba for is famous tobacco

a. famous（有名的） b. Cuba（古巴）

c. is（是） d. tobacco（烟草）

9. 管道可以将水或油______到非常远的地方。

a. roll（滚动） b. pull（拉动）

c. lift（抬起） d. carry（运送）

10. 下面哪个单词有拼写错误？

a. drinkible（可饮用的） b. legible（清晰的）

c. permissible（可允许的） d. contemptible（可鄙的）

11. 下列哪个单词与其他不同？

a. indifferent（冷漠的） b. casual（随意的）

c. mindful（在意的） d. careless（粗心的）

12. 当把下列顺序混乱的词语连成一句话时，第一个单词是什么？

of Italy consists a and islands peninsula

a. consists（包括） b. islands（岛屿）

c. peninsula（半岛） d. Italy（意大利）

13. 一套准则就是一种特定的词语或符号，在这套准则里，一些东西被______。

a. used（使用） b. defined（定义）

c. recommended（推荐） d. corrected（纠正）

14. 下面哪个单词有拼写错误？

a. paralysis（麻痹） b. negociate（谈判）

c. embarrass（尴尬） d. questionable（有问题的）

15. 下列哪个单词与其他单词不同？

a. incompatible（不相容的） b. contrasted（对比的）

c. unequal（不等的） d. similar（相似的）

16. 当把下列词语连成一句有意义的话时，如果最后一个单词是“sun”（太阳）的话，那么第三个单词是什么？

a sun revolves planet the round

a. revolves（运转） b. a（一个）

c. round（围绕） d. planet（星球）

17. 呼吸______帮助人们可以在有毒的环境里继续工作。

a. involuntarily（不由自主地） b. mechanically（机械地）

c. apparatus（仪器） d. harness（套）

18. 下面哪个单词有拼写错误？

a. breathe（呼吸） b. secretery（秘书）

c. delinquent（拖欠的） d. tolerant（宽容）

19. 下列哪个单词与其他单词不同？

a. burnish（磨光） b. lustre（光泽）

c. tarnish（玷污） d. polish（抛光）

20. 当把下列顺序混乱的词语连成一句话时，第二个单词是什么？

business an sound efficient is financially

a. financially（经济上的） b. efficient（有效的）

c. is（是） d. an（一个）

21. 细菌可以______食物并传播疾病。

a. analyse（分析） b. cover（覆盖）

c. sanitise（消毒） d. contaminate（污染）

22. 下面哪个单词有拼写错误？

a. observant（细心地） b. implement（实施）

c.repellent（障碍） d. committment（承诺）

23. 下列哪个单词与其他单词不同？

a. rebellious（反叛的） b. amenable（服从的）

c. tame（驯服） d. cultivated（培养的）

24. 当把下列词语连成一句话时，如果第一个单词是“Plastic”（塑料），那么第6个单词是什么？

Plastics heat and pressure are materials moulded by that are

a. heat（高温）　　b. are（是）

c. moulded（成型的）　　d. pressure（压力）

25. 在工程学中，一种可以使液体流动或受阻的可移动部件被称为______。

a. clock（钟表）　　b. meter（仪表）

c. switch（开关）　　d. valve（阀）

26. 下面哪个单词有拼写错误？

a. accomplish（完成）　　b. assignment（分配）

c. consultant（顾问）　　d. goverment（政府）

27. 下列哪个单词与其他的不同？

a. mock（虚假的）　　b. artificial（虚拟的）

c. genuine（真实的）　　d. assumed（假设的）

28. 当把下列词语连成一句话时，如果第一个单词是“The”（定冠词），那么第8个单词是什么？

The word is a describe to state perfection of Utopia

a. perfection（完美）　　b. state（国家）

c. Utopia（乌托邦）　　d. things（东西）

29. 一个事件在有规律的间隔下发生的次数被称作事件的______。

a. fibrillation（房颤）　　b. waves（波）

c. average（平均）　　d. frequency（频率）

30. 下面哪个单词有拼写错误？

a. corrupt（腐败）　　b. managable（可掌握的）

c. depressing（沉闷的）　　d. unnerving（令人不安的）

31. 下列哪个单词与其他单词不同？

a. patronise（宠幸）　　b. endorse（拥护）

c. impugn（抨击）　　d. espouse（赞助）

32. 当把下列顺序混乱的词语连成一句话时，最后一个单词是什么？

shells　fossils　and　bones　include　animals　of

a. fossils（化石）　　b. of（由）

c. include（包括）　　d. animals（动物）

33. 印加人所崇尚的普遍精神______所有事物。

a. destroyed（摧毁）　　b. invaded（侵入）

c. pervaded（遍及）　　d. owned（拥有）

34. 下面哪个单词有拼写错误？

a. opening（开始）　　b. unnecesarily（不必要地）

c. grievously（严重地）　　d. openness（开放性）

35. 下列哪个单词与其他单词不同？

a. virtuoso（艺术家）　　b. wizard（巫师）

c. maestro（艺术大师）　　d. disciple（信徒）

36. 当把下列顺序混乱的词语连成一句话时，最后一个单词是什么？

depends　the　upon　factors　from　distance　sea　climate　such　as

a. climate（环境）　　b. factor（因素）

c. depends（依靠）　　d. sea（海）

答案

1. b	10. a	19. c	28. a
2. a	11. c	20. b	29. d
3. d	12. d	21. d	30. b
4. c	13. b	22. d	31. c
5. d	14. b	23. a	32. d
6. d	15. d	24. c	33. c
7. a	16. a	25. d	34. b
8. b	17. c	26. d	35. d
9. d	18. b	27. c	36. d

得分

正确个数－错误个数＝______

16岁以下测试人员的分值加4，17～20岁测试人员的分值加2。＋______

测试得分＝______

按照以下表格将你的分数转换成10分制，或称为“标准10分”的分数，随即将“标准10分”的分数填入附表1（见244页）中。

测试得分	1～8	9	10～12	13～15	16～18
标准 10 分	1	2	3	4	5
测试得分	19～21	22～24	25～27	28～30	31+
标准 10 分	6	7	8	9	10

第20章
单词测试

此测试衡量你对单词的认知程度。题目中会给出一个单词，你需要在选项中找出与其意思最接近的一项，然后在正确答案前的方框内打钩。请阅读以下示例。

示例

1. OWN（拥有）	2. ADD（增加）
□ a. possess（掌握；持有）	□ a. subtract（减去）
□ b. unpaid（未付款的）	□ b. count（把……算入）
□ c. disown（弃绝）	□ c. duke（公爵）
□ d. landlord（房东）	□ d. new（新的）

示例1中，“possess”与“own”的意思相同，且都是动词，可以成为同义词替换的选择。例如，“我‘拥有’一辆车和我‘持有’一辆车。”形容词“unpaid”、动词“disown”的意思和名词“landlord”的意思都不同。

示例2中，“subtract”与“add”的意思相反，虽然它们都是动词。“duke”是名词。形容词“new”与“add”意思不同。“add”和“count”都是动词且两者意思相近，可以互相替换。

题目顺序并非固定，你可按任意顺序作答，但越往后试题会越难。如果本书非你个人所有，请不要在此做标记，你可在草稿纸上列出答案和解题过程。如果希望进行能力评估，请记录你在20分钟内所答的题目；如果无须测评，则不用计时，答完即可。但由于此测试仅仅测试你认不认识某个单词，并不需要思考，所以你可能用不了5分钟以上的时间。

限时：5分钟

选出与题目中的单词意思最相近的一项，并在对应的方框内画钩。

1. BAD（坏的） ☐ a. evil（邪恶的） ☐ b. angel（天使） ☐ c. good（好的） ☐ d. ban（禁止）	2. WET（湿的） ☐ a. appetite（胃口） ☐ b. strong（强壮的） ☐ c. watery（水分多的） ☐ d. dry（干的）
3. CHIEF（头领） ☐ a. mainly（主要的） ☐ b. minor（小的） ☐ c. head（头部） ☐ d. unimportant（不重要的）	4. CHOP（砍下） ☐ a. rough（粗糙的） ☐ b. duty（任务） ☐ c. stormy（激烈的） ☐ d. divide（分离）
5. SOFT（轻松的） ☐ a. harsh（严厉的） ☐ b. undemanding（容易的） ☐ c. contact（接触） ☐ d. comfort（舒适）	6. GOWN（长袍） ☐ a. sack（麻袋） ☐ b. shout（喊叫） ☐ c. robe（袍子） ☐ d. about（关于）

7. IMAGINARY（想象的） ☐ a. realistic（真实的） ☐ b. bleak（昏暗的） ☐ c. trance（恍惚） ☐ d. dreamy（如梦的）	8. ACTIVE（活跃的） ☐ a. mobile（移动的） ☐ b. baffle（使困惑） ☐ c. rigid（僵硬的） ☐ d. motion（运动）
9. PIERCE（刺穿） ☐ a. puncture（刺） ☐ b. stung（刺伤） ☐ c. loud（大声的） ☐ d. stabbing（捅）	10. INVALUABLE（无价的） ☐ a. worthless（没用的） ☐ b. valuable（有价值的） ☐ c. variable（变化的） ☐ d. cheap（便宜的）
11. ADAPT（改变） ☐ a. convert（转变） ☐ b. flexible（灵活的） ☐ c. inflexible（僵化的） ☐ d. transformation（变化）	12. IMPARTIAL（无私的） ☐ a. connected（相连的） ☐ b. detached（公平的） ☐ c. involved（卷入的） ☐ d. unconcern（不关心）
13. REPUTABLE（声誉好的） ☐ a. infamous（无耻的） ☐ b. supposed（假定的） ☐ c. good（好的） ☐ d. stature（声望）	14. LIGHTEN（照亮） ☐ a. discover（发现） ☐ b. darken（变暗） ☐ c. illumine（照明） ☐ d. weak（弱的）
15. GROUNBLESS（无根据的） ☐ a. justified（被证实的） ☐ b. background（背景） ☐ c. basis（基础） ☐ d. absurd（荒诞的）	16. FASTEN（系牢） ☐ a. affix（粘贴） ☐ b. untie（解开） ☐ c. holder（支持物） ☐ d. thin（瘦的）

17. BARGAINING（讨价还价） ☐ a. trafficking（交易） ☐ b. anticipate（预见） ☐ c. promise（保证） ☐ d. agree（同意）	18. WORRISOME（令人不安的） ☐ a. reassuring（可靠的） ☐ b. unworried（不担心的） ☐ c. annoy（干扰） ☐ d. perturbing（扰动的）
19. UNBERCURRENT（基调） ☐ a. undercharge（少收钱） ☐ b. atmosphere（气氛） ☐ c. undermine（逐渐减弱） ☐ d. belittle（贬低）	20. SATANIC（邪恶的） ☐ a. divine（神圣的） ☐ b. devil（魔鬼） ☐ c. inhuman（非人的） ☐ d. biting（刺痛的）
21. PRICELESS（无价的） ☐ a. prized（被珍视） ☐ b. cheap（便宜） ☐ c. menu（菜单） ☐ d. expense（费用）	22. MUTINOUS（反抗的） ☐ a. defiance（蔑视） ☐ b. uprising（升起） ☐ c. obedient（顺从的） ☐ d. turbulent（骚乱的）
23. HOMELY（家常的） ☐ a. mother（母亲） ☐ b. domestic（家庭的） ☐ c. formal（正式的） ☐ d. revered（崇敬）	24. FUNCTIONAL（功能的） ☐ a. plain（平的） ☐ b. official（正式的） ☐ c. decorative（装饰的） ☐ d. gathering（聚集）
25. EXEMPT（免除） ☐ a. spared（抽出） ☐ b. liable（有责任的） ☐ c. except（除了） ☐ d. illustrate（说明）	26. GALLANT（勇敢的） ☐ a. cowardly（胆小的） ☐ b. escort（护送者） ☐ c. courageousness（勇敢） ☐ d. polite（礼貌的）

27. EXPRESSLY（明确地） ☐ a. assert（声称） ☐ b. energetic（活跃的） ☐ c. particularly（特定地） ☐ d. vaguely（模糊地）	28. DAPPER（敏捷的） ☐ a. sloppy（懒散的） ☐ b. spry（活跃的） ☐ c. bespeckled（有污点的） ☐ d. dappled（有斑点的）
29. COGNIZANT（认识的） ☐ a. unaware（不知道的） ☐ b. apprehension（领悟） ☐ c. acquainted（了解） ☐ d. perception（知觉）	30. PORTEND（预示） ☐ a. presage（预言） ☐ b. insignificant（魔鬼） ☐ c. presentiment（非人的） ☐ d. emblazon（刺痛的）
31. BENEDICTION（祝福） ☐ a. anathema（可憎的物） ☐ b. benevolence（仁慈） ☐ c. munificence（宽宏大量） ☐ d. blessing（保佑）	32. CONCOMITANT（伴随的） ☐ a. coincidental（巧合的） ☐ b. accidental（偶然的） ☐ c. incidental（附属的） ☐ d. compressed（压缩的）
33. GUILELESS（诚实的） ☐ a. artful（狡猾的） ☐ b. shame（羞耻） ☐ c. innocent（清白的） ☐ d. transparent（透明的）	34. CULMINATE（达到极致） ☐ a. crown（顶部） ☐ b. peak（最高点） ☐ c. begin（开始） ☐ d. pursue（追逐）
35. EXONERATE（免罪） ☐ a. absolution（宽恕） ☐ b. inflate（使充气） ☐ c. incriminate（控告） ☐ d. vindicate（辩护）	36. ICONOCLASTIC（有悖传统的） ☐ a. denunciatory（指责的） ☐ b. credulity（易受骗） ☐ c. uncritical（不加批判的） ☐ d. optimistic（乐观的）

37. IMPLICIT（含蓄的）	38. PENURIOUS（吝啬的）
□ a. innuendo（影射） □ b. explicit（明确的） □ c. latent（潜在的） □ d. stated（规定的）	□ a. paucity（少量） □ b. indigent（贫穷的） □ c. dearth（缺少） □ d. meditative（沉思的）
39. SPURIOUS（假的）	**40. TRANSMOGRIFY（使变形）**
□ a. authentic（真实的） □ b. specious（似是而非的） □ c. sordid（肮脏的） □ d. dishevelled（散乱的）	□ a. attitudinize（装腔作势） □ b. traverse（穿过） □ c. mutation（变异） □ d. metamorphose（使变质）

答案

1. a	9. a	17. a	25. a	33. c
2. c	10. b	18. d	26. d	34. b
3. c	11. a	19. b	27. c	35. d
4. d	12. b	20. c	28. b	36. a
5. b	13. c	21. a	29. c	37. c
6. c	14. c	22. d	30. a	38. b
7. d	15. d	23. b	31. d	39. b
8. a	16. a	24. a	32. c	40. d

得分

正确个数－错误个数＝______

16岁以下测试人员的分值加2，17～20岁测试人员的分值加1。＋______

测试得分=______

按照以下表格将你的分数转换成10分制，或称为“标准10分”的分数，随即将“标准10分”的分数填入附表1（见244页）中。

测试得分	1～3	4～6	7～9	10～13	14～17
标准10分	1	2	3	4	5
测试得分	18～22	23～25	26～28	29～31	32+
标准10分	6	7	8	9	10

第21章
精准词汇测试

此测试能够评估你对单词的掌握程度，并且判断你是否能够正确使用它们。你会看到一个或一组单词，你需要从给出的选项中选出最合适的一个。每一道问题中都会有选项单词，你需要在正确的答案下画线。示例已经为你给出答案，你可以参考作答。

示例

1. 下列哪个单词与Grave（重要的）的意思最相近？

<u>a. Serious</u>（严重的）　　b. Gravity（重力）

c. Needy（贫困的）　　d. Detain（拘留）

2. 下列哪个单词与Retreat（退缩）的反义词的意思最相近？

a. Study（学习）　　b. Defend（防御）

<u>c. Advance（向前）</u>　　d. Walking（步行）

示例1中，在所有给出的选项中，“Serious”与“Grave”的意思最为接近，因此我们在a选项下画线。示例2中，答案是c.“Advance”。

在示例1中，“Grave”拥有多种含义。“Serious”的意思是严重的、有目的的或重要的，而“Gravity”也有严重的、重要的之意，但也可以指重力。“Needy”和“Grave”没有任何关系，“Grave”与“Serious”同义，但它的某些含义也与“Gravity”相同。那么你该如何选择呢？“Grave”和“Serious”都可以作为形容词使用。但“Gravity”只能作名词使用，所以答案为a。

在示例2中，“Retreat”的反义词是“advance”。“Study”的意思与它不同。“Defend”与其有关联性，但并非反义词。“Walking”与其并无关联。所以答案为c。

如果本书非你个人所有，请不要在此做标记，你可在草稿纸上列出答案和解题过程。如果希望进行能力评估，请记录你在8分钟内所答的题目；如果无须测评，则不用计时，答完即可。

限时：8分钟

1. 下列哪个单词与Seek（找寻）的意思最相近？

a. Lose（丢失） b. Pursue（追寻）

c. Hide（隐藏） d. Cover（覆盖）

2. 下列哪个单词与Constant（不变的）的反义词的意思最相近？

a. Soon（不久） b. Unpredictable（易变的）

c. Approved（批准的） d. Continual（持续的）

3. 下列哪个单词与Majority（多数）的意思最相近？

a. Legal（合法的） b. Minority（少数）

c. Old（老的） d. Most（最多的）

4. 下列哪个单词与Ripe（成熟的）的意思最相近？

a. Fruit（水果） b. Ready（准备好的）

c. Aged（年迈的） d. Spoiled（被宠坏的）

5. 下列哪个单词与Recover（恢复）的意思最相近？

a. Restore（修复） b. Lose（失去）

c. Conscious（有意识的）　d. Make（做）

6. 下列哪个单词与Envelop（信封）的意思最相近？

a. Post（邮寄）　b. Wrap（包裹）

c. Letter（信件）　d. Show（展示）

7. 下列哪个单词与Hinder（阻碍）的反义词的意思最相近？

a. Former（从前的）　b. Intercept（拦截）

c. Encourage（鼓励）　d. Anticipate（期待）

8. 下列哪个单词与Gangling（高瘦的）的反义词的意思最相近？

a. Soft（柔软的）　b. Quiet（安静的）

c. Skinny（瘦的）　d. Dumpy（矮胖的）

9. 下列哪个单词与Captivate（迷住）的意思最相近？

a. Partner（伙伴）　b. Battle（战斗）

c. Remove（移除）　d. Charm（魅力）

10. 下列哪个单词与Obscure（昏暗的）的意思最相近？

a. Parasol（阳伞）　b. Cloud（阴影）

c. Clear（明朗的）　d. Blind（盲的）

11. 下列哪个单词与Casual（随意的）的反义词的意思最相近？

a. Feeble（软弱的）　b. Charming（迷人的）

c. Deliberate（故意的）　d. Weak（软弱的）

12. 下列哪个单词与Catcall（嘘声）的意思最相近？

a. Praise（表扬）　b. Scream（尖叫）

c. Whistle（口哨声）　d. Ovation（鼓掌）

13. 下列哪个单词与Prohibit（禁止）的反义词的意思最相近？

a. Refuse（拒绝）　b. Smoke（吸烟）

c. Untrue（不真实的） d. Allow（允许）

14. 下列哪个单词与Cast（投射）的意思最相近？

a. Class（等级） b. Tinge（着色）

c. Species（种类） d. Barrel（桶）

15. 下列哪个单词与Debut（首秀）的意思最相近？

a. Termination（终止） b. Young（年轻）

c. Premiere（首演） d. Speech（演讲）

16. 下列哪个单词与Buoyant（浮力）的反义词的意思最相近？

a. Rising（上升） b. Floating（浮动）

c. Sinking（下沉） d. Marking（标记）

17. 下列哪个单词与Flotilla（小型舰队）的意思最相近？

a. Swans（天鹅） b. Ships（船只）

c. Heart problem（心脏疾病） d. Balloons（气球）

18. 下列哪个单词与Crown（使完美）的意思最相近？

a. Adorn（装饰） b. Cross（十字架）

c. Hill（山丘） d. Jewel（珠宝）

19. 下列哪个单词与Gusto（热情）的反义词的意思最相近？

a. Fame（名声） b. Desire（欲望）

c. Apathy（冷漠） d. Appetite（胃口）

20. 下列哪个单词与Saucy（粗俗的）的意思最相近？

a. Lippy（鲁莽的） b. Politeness（礼貌）

c. Container（容器） d. Interference（干扰）

21. 下列哪个单词与Phoenix（凤凰）的意思最相近？

a. Bird（鸟） b. Statue（雕像）

c. Phony（假的） d. Fire（火）

22. 下列哪个单词与Ambrosia（美味食物）的意思最相近？

a. Food（食物） b. Dainty（美味）

c. Jam（果酱） d. Crab（螃蟹）

23. 下列哪个单词与Developed（先进的）的意思最相近？

a. Ungrudging（忘恩负义） b. Generous（慷慨的）

c. Cultivated（栽培过的） d. Boundless（无边无际的）

24. 下列哪个单词与Ridiculous（荒唐的）的意思最相近？

a. Levity（轻浮） b. Jocular（滑稽）

c. Wit（智慧） d. Foolish（愚蠢的）

25. 下列哪个单词与Bent（不正派的）的反义词的意思最相近？

a. Bias（偏差） b. Curved（曲线）

c. Leaning（倾斜） d. Impartial（公正的）

26. 下列哪个单词与Manual（手册）的意思最相近？

a. Primer（入门书） b. Note（笔记本）

c. Voucher（凭证） d. Disk（磁盘）

27. 下列哪个单词与Catch（把……缠住）的意思最相近？

a. Entangle（缠结） b. Extricate（解脱）

c. Unravel（散开） d. Sprawl（蔓延）

28. 下列哪个单词与Imprudent（不明智的）的反义词的意思最相近？

a. Arbitrary（武断的） b. Judicious（明智的）

c. Undiscerning（冷漠的） d. Subjective（主观的）

29. 下列哪个单词与Retain（保持）的意思最相近？

a. Dole（失业救济金）　b. Mete（分配）

c. Portion（部分）　d. Keep（维持）

30. 下列哪个单词与Loathing（厌恶）的反义词的意思最相近？

a. Doting（溺爱）　b. Bungling（笨拙的）

c. Hiding（隐藏）　d. Kindness（善良）

答案

1. b	7. c	13. d	19. c	25. d
2. b	8. d	14. b	20. a	26. a
3. d	9. d	15. c	21. a	27. a
4. b	10. b	16. c	22. a	28. b
5. a	11. c	17. b	23. c	29. d
6. b	12. c	18. a	24. d	30. a

得分

正确个数－错误个数＝______

16岁以下测试人员的分值加2，17～20岁测试人员的分值加1。＋______

测试得分＝______

按照以下表格将你的分数转换成10分制，或称为“标准10分”的分数，随即将“标准10分”的分数填入附表1（见244页）中。

测试得分	1 ~ 2	3 ~ 4	5 ~ 6	7 ~ 9	10 ~ 12
标准 10 分	1	2	3	4	5
测试得分	13 ~ 15	16 ~ 17	18 ~ 19	20 ~ 21	22+
标准 10 分	6	7	8	9	10

第九部分

网上测试

组织机构通常会因为两种原因使用网上测试：首先，网上测试拥有其他用于评估、选择或发展的测试所共有的优点，即公平性；其次，网上测试易操作、成本低且方便快捷，这对于组织机构和测试者都是有利的。虽然网上测试的内容同纸质测试的内容一样，但我们也应熟悉此类测试的模式。

此部分包含了智力测试的核心部分，你还可以在网上找到扩展测试的版本，请访问www.insight-tests.com/coreintelligencetest以便进行测试，输入密码（71265）以获得免费的测试版本。通过网上测试，你可以积累更多的测试经验，从而更加了解自己。

测试22的目的是发现一种“核心”智力，这种智力与个人通过学习获得的技能不同，有时也被称为“纯粹的”或“潜在的”智力。

通常情况下，在“核心”智力测试中表现良好的人，即使年少时学业平平，在成年之后也会走向成功。若你在此测试中得到的分数比在其他测试中得到的分数高，那么从长远来看，你会成功。测试人员可能已经意识到，这种类型的测试提供的信息可以揭示人们的潜力。

虽然网上测试与此部分中的测试在内容上并无差别，但在某些方面仍有所不同。网上测试对心理素质的要求更高，需要你坚持不懈且专注力更强。所以，你在这两种测试中所取得的成绩可能不尽相同。

第22章

核心智力测试

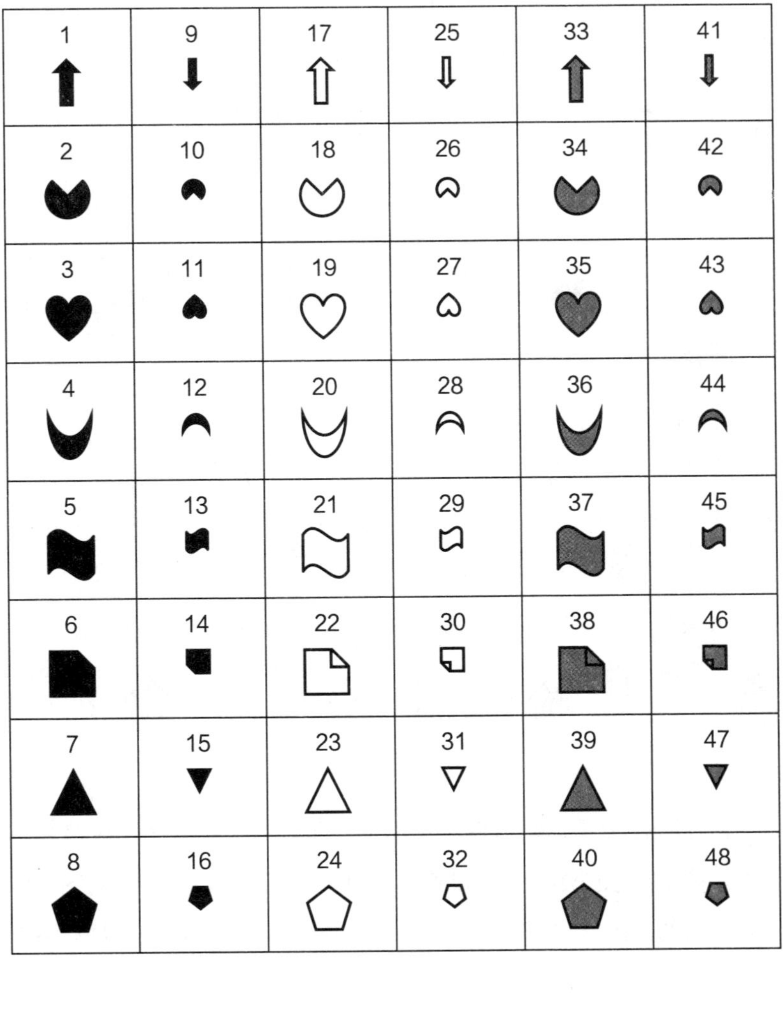
1
9
17
25
33
41
2
10
18
26
34
42
3
11
19
27
35
43
4
12
20
28
36
44
5
13
21
29
37
45
6
14
22
30
38
46
7
15
23
31
39
47
8
16
24
32
40
48

请从表格中选取一个图形，并且在对应序列图形之后写下其编号：

示例1

示例2

示例3

示例答案

示例1

图形序列的颜色为灰色、白色、灰色、白色、灰色……，所以下一个图形应为白色。图形序列的形状为五边形、波浪形、五边形、波浪形……，所以下一个图形应为波浪形。因此，下一个图形是一个白色波浪形，它在表格中的对应编号是21，故将其填入方框内。

示例2

两个大图形后面接着两个小图形，所以接下来的图形应该是小图形。两个黑色图形的后面接着两个白色图形，所以接下来的图形应该是白色的。图形顺序为三角形、箭头和心形……，所以在最后一个图形之后出现的应该是箭头。因此，小白箭头的编号25应被填入方框内。

示例3

每三个图形中的最后一个都是大图形，所以接下来的图形，即每三个图形中的第二个应该是小的。颜色顺序是灰色、白色、黑色、白色……，所以下一个图形应该是白色的。图案顺序为小正方形、饼状图、月牙形、饼状图……，所以下一个图形应为饼状图。所以，在方框中填写小白饼的编号26。

你可以通过多种方式来完成此测试，如你可以准备一张草稿纸用来记录序列的顺序，这样你便无须将所有信息都记在脑子里，但这种方法可能会拖慢你解出下一个图形的速度。比起观察图形的大小，你可能更倾向于观察图形是“朝下的”还是“朝上的”，或者你可能倾向于根本不去标记它们。

你需要准备钢笔或铅笔来记录你的答案。若此书非你个人所有，请另准备一张纸作答。就这部分测试而言，你最好在开始答题之前在纸上写下数字1 ~ 20，这样就不会浪费你的答题时间。你可以使用秒表记录你在8分钟内所答的题目。如果你仅仅想要熟悉测试流程，则不用计时，答完即可。

此测试需要你找出序列最后一个图形之后的图形。请在对应的参考表格中选出正确的答案，并将其填写在方框内或另一张纸上。

限时：8分钟

1.

2.

3.

4.

5.

6.

7.

8.

9.

10.

11.

12. 

13. 

14. 

15. 

16. 

17. 

18. 

19. 

20. 

答案

1. 38	2. 3	3. 1	4. 31	5. 44
6. 40	7. 4	8. 33	9. 1	10. 35
11. 25	12. 33	13. 15	14. 15	15. 6
16. 4	17. 30	18. 18	19. 31	20. 1

得分

正确个数－错误个数＝______

测试得分＝______

按照以下表格将你的分数转换成10分制，或称为“标准10分”的分数，随即将“标准10分”的分数填入附表1（见244页）中。

测试得分	1	2	3	4～6	7～8
标准 10 分	1	2	3	4	5
测试得分	9～11	12～14	15～16	17～18	19+
标准 10 分	6	7	8	9	10

解析

1. 大的、大的、大的……，所以下一个图形是大的。灰色、灰色、灰色……，所以下一个图形是灰色的。正方形、正方形、正方形……，所以下一个图形是正方形。

2. 大的、大的、大的、大的……，所以下一个图形是大的。白色、黑色、白色、黑色……，所以下一个图形是黑色的。波浪形、心形、波浪形、心形……，所以下一个图形是心形。

3. 大的、大的、大的……，所以下一个图形是大的。黑色、黑色、黑色……，所以下一个图形是黑色的。三角形、箭头、三角形……，所以下一个图形是箭头。

4. 大的、小的、大的、小的……，所以下一个图形是小的。灰色、白色、灰色、白色……，所以下一个图形是白色的。正方形、三角形、正方形、三角形……，所以下一个图形是三角形。

5. 大的、小的、大的、小的……，所以下一个图形是小的。黑色、灰色、白色、黑色……，所以下一个图形是灰色的。凹月牙形、凸月牙形、凹月牙形……，所以下一个图形是凸月牙形。

6. 小的、大的、大的、小的……，所以下一个图形是大的。白色、灰色、黑色、白色……，所以下一个图形是灰色的。心形、五边形、五边形、心形……，所以下一个图形是五边形。

7. 小的、大的、大的……，所以下一个图形是大的。灰色、白色、白色、黑色……，所以下一个图形是黑色的。五边形、月牙形、正方形、五边形……，所以下一个图形是月牙形。

8. 大的、大的、小的……，所以下一个图形是大的。黑色、白色、灰色、灰色……，所以下一个图形是灰色的。三角形、箭头、心形、三角形……，所以下一个图形是箭头。

9. 小的、大的、大的、大的……，所以下一个图形是大的。白色、黑色、灰色……，所以下一个图形是黑色的。五边形、三角形、三角形、箭头……，所以下一个图形是箭头。

10. 小的、大的、小的……，所以下一个图形是大的。白色、灰色、黑色……，所以下一个图形是灰色的。心形、五边形、五边形……，所以下一个图形是心形。

11. 小的、小的、大的……，所以下一个图形是小的。白色、灰色、黑色……，所以下一个图形是白色的。月牙形、三角形、饼状图、箭头……，所以下一个图形是箭头。

12. 大的、小的、小的、小的……，所以下一个图形是大的。白色、灰色、黑色、黑色……，所以下一个图形是灰色的。箭头、月牙形、心形、波浪形、波浪形……，所以下一个图形是箭头。

13. 小的、小的、大的……，所以下一个图形是小的。黑色、灰色、白色、灰色……，所以下一个图形是黑色的。正方形、三角形、正方形、饼状图……，所以下一个图形是三角形。

14. 小的、大的、大的、小的……，所以下一个图形是小的。黑色、黑色、灰色、白色……，所以下一个图形是黑色的。正方形、正方形、三角形、月牙形……，所以下一个图形是三角形。

15. 大的、大的、小的、小的……，所以下一个图形是大的。灰色、黑色、白色……，所以下一个图形是黑色的。三角形、月牙形、正方形、心形……，所以下一个图形是正方形。

16. 大的、大的、小的、小的……，所以下一个图形是大的。白色、灰色、黑色、灰色……，所以下一个图形是黑色的。月牙形、三角形、月牙形、心形……，所以下一个图形是月牙形。

17. 大的、小的、大的……，所以下一个图形是小的。灰色、灰色、白色、白色、黑色、白色……，所以下一个图形是白色的。饼状图、心形、五边形、箭头、正方形、箭头……，所以下一个图形是正方形。

18. 小的、大的、两个小的、大的……，所以下一个图形是大的。黑色、白色、两个黑色、白色……，所以下一个图形是白色的。波浪形、五边形、心形、饼状图……，所以下一个图形是饼状图。

19. 大的、小的、大的、两个小的、大的、3个小的、大的、4个小的……，所以下一个图形是小的。黑色、灰色、灰色、白色、灰色……，所以下一个图形是白色的。心形、三角形、心形……，所以下一个图形是三角形。

20. 小的、两个大的、两个小的、大的、小的……，所以下一个图形是大的。灰色、黑色、灰色、白色、黑色、白色、黑色……，所以下一个图形是黑色的。五边形、箭头、五边形、三角形、箭头、三角形……，所以下一个图形是箭头。

第十部分

性格能力测试

与书中其他测试不同，这一部分的测试会以不同的方式评估你的能力。你的潜在智力能力与你解决问题的能力相关，而“性格能力”体现在你为完成任务而与人沟通时做出的种种行为。这种能力是人天生就有的，并且需要你运用自己的情感认知能力。

因此，“性格能力”用以表述你不断变化的、天生处理生活问题的方式。测试结果也许能够帮助你转向自己喜欢的行为方式或改变自己所处的环境，使其更加适合你。

这一测试同时可以告诉你别人对你的看法是否与你对自己的看法一致，这样可以帮助你解决人际交往中的误解问题。

你会在哪种职位中感到舒适、满意或感觉自己很成功？在那些可以做真实的自我的职位中你会拥有最大的满足感，也会感受到最大的动力。因此，你的目标应该是找寻到可以让你充分利用自己性格能力的职位。

第23章 性格能力测试

在这项测试中，你需要勾选出描述自己通常的感受或行为的句子。（如果你是代替别人来做测试，那么请勾选出符合他人感受或行为的句子。）

虽然有时其他句子的描述也可能符合标准，但你只能选择一个句子。请在进行全面考虑之后选出最为正确的一个。

所给出的两个选项都同样“好”或“正确”，并没有哪个选项是“不好的”或“错误的”。你越诚实作答，所得出的分析结果便会越有价值。

此测试不设时间限制，每道题目只需几秒钟的作答时间。

准备好后你可以随时作答。

1. 当命运突然给了我一个打击，我：

a. 从不怀疑自己能够面对挑战

b. 总沉溺于自己本应如何避免它的想法中

2. 我希望我的工作：

a. 可以随时让我与很多人接触

b. 可以让我自己工作

3. 当我需要为了赶上一个会议而进行远途旅行时：

a. 我会尽最大努力准时或早些到达

b. 即使稍迟到我也不会担心

4. 我更擅长：

a. 提出一个观点

b. 组织一项计划

5. 我喜欢这样的工作环境：

a. 只有一个人安排工作

b. 所有人一起安排工作

6. 当我有一个不同于其他人的想法时：

a. 我会不加犹豫地说出为什么自己对事情有不同的见解

b. 我倾向于把事情藏在心底

7. 在一个满是陌生人的房间中，我会：

a. 经常扮演“破冰”的角色

b. 倾向于等待观察其他人怎么做

8. 当我专注于一项重要的事情时，如果有其他事情打断我，我会感到很恼火：

a. 正确，尤其是在一些“重要时刻”

b. 不正确，因为我乐于接受不同事物

9. 我更喜欢阅读：

a. 关于小说家或诗人生平的图书

b. 关于探索海洋底部的艰难困苦的书

10. 在什么情况下，一起工作的人们会感到更加开心：

a. 每个人都知道自己应该做什么

b. 每个人都了解其他人的感受

11. 如果我被任命负责一个大型活动，而我之前从未做过此类事情：

a. 我会很乐意尝试

b. 我会考虑自己是否有能力做好

12. 工作空闲时，我会：

a. 和最少两人或一个小群体聊天

b. 自己待着，或者与我熟知的人在一起

13. 我更喜欢：

a. 制订一个计划

b. 观察事情走势

14. 我更喜欢加入：

a. 一个业余的戏剧小组

b. 一个互联网投资小组

15. 如果已经没有时间去解决一个棘手的问题，我更喜欢：

a. 不考虑别人的看法而直接解决这个问题

b. 首先和他人讨论他们对问题的看法

16. 我喜欢身边发生新鲜事物，这样我便可以时刻保持激情：

a. 是

b. 否

17. 当我得知一群人需要聚集在一起时，我会：

a. 认为人群聚集在一起的优势比较多

b. 认为人群聚集在一起的劣势比较多

18. 我会倾向于认为：

a. 只有细节正确时事情才可以继续

b. 如果事情进展顺利，那么细节就不重要了

19. 我更喜欢：

a. 谈论一部小说

b. 维修一部坏了的机器

20. 我更喜欢通过这种方式来解决问题：

a. 敦促他人解决问题

b. 倾听他人的见地

21. 当我快速做出抉择时：

a. 我会忘记这个决择然后去解决其他问题

b. 我会很害怕事情变糟

22. 当我需要参加集体活动时，我会：

a. 很期待遇到新人，得到新的机会

b. 对改变的计划和陌生人持有怀疑的态度

23. 对于安全感而言：

a. 我总是不断在头脑中对事情进行检查

b. 我做完事情后会对此事持放松的心态

24. 我更擅长：

a. 创作一幅抽象画作

b. 做出一个厨房设计图

25. 对于“为了达到目的可以不择手段”这句话，我认为：

a. 是正确的

b. 是不正确的

26. 如果我被要求接手一项重要任务，而自己并没有准备好，我会认为：

a. “这很丢人。”

b. “即便我可能显得很蠢，我也要试一下。”

27. 我更喜欢：

a. 与少部分信任的人保持联系

b. 扩大自己的朋友圈并时刻与他们保持联系

28. 如果我要去参加一个重要的会议或是面试，我会：

a. 对当下的情况做出当下的反映

b. 对可能发生的事尽可能做出详尽的计划

29. 当思考什么事情的时候我最为激动？

a. 太空旅行的可能方法

b. 找寻通往精神世界的途径

30. 人们会被什么驱使而更加努力工作？

a. 爱

b. 恨

31. 在开始讲话前，我需要确定别人会很喜欢我的谈话：

a. 同意

b. 不同意

32. 当有人邀请我去参加集体活动时，我会：

a. 不确定自己是否真的想去

b. 很开心自己没有落单

33. 我认为：

a. 我记不住的事情就不太可能是重要的事情

b. 我需要列出需要完成的重要事情，以防忘记

34. 我喜欢创作出一些：

a. 人们日常能够用到的东西

b. 能够被称赞为艺术的东西

35. 成功依靠人与人之间的相互信任：

a. 我同意

b. 我不同意

36. 就我自己而言：

a. 找到可以使我感到满足的事情很困难

b. 当事情令我不满意时，我就去改变它

37. 当一群人想选出一个人做领导者时，我：

a. 会退缩

b. 会自告奋勇

38. 我通常会：

a. 当某事发生时再对其做出反应

b. 试图避免不可预见性的事情

39. 未来，世界性难题将有可能被什么解决？

a. 科技

b. 情感认知

40. 倾听所有与我共同工作的人的想法和感受会：

a. 使我更容易进步

b. 拖慢我的进程

41. 当人们怀疑我是否能够胜任一些之前从未做过的事情时：

a. 我会考虑他们的观点

b. 我下定决心做得比人们预期的更好

42. 我更喜欢怎样的沟通方式：

a. 写信或与人们一对一交谈

b. 和所有人一起讨论

43. 我认为在什么情况下人们会工作得更好：

a. 当人们可以自发做事时

b. 当人们很清楚他们需要做什么时

44. 我通常怎样做决定？

a. 衡量事情的轻重

b. 按照自己对事情的整体观念进行决定

45. 如果我的老板告诉我他面临的困难，这会使我的工作变得：

a. 更容易

b. 更困难

46. 自我怀疑阻碍了我的发展

a. 有时或完全正确

b. 不经常或完全不正确

47. 我会努力：

a. 将工作关系和私下关系分开

b. 私下也会与工作同事接触

48. 我会怎样处理麻烦事：

a. 去做一些其他事情

b. 通过有序高效的方式解决问题

49. 如果见到“外星人”，我问他的第一个问题是：

a. “你是怎么来的？”

b. “你想得到什么？”

50. 我认为了解他人的态度和价值观：

a. 当人们一起工作时是很关键的一点

b. 会阻碍工作进程

标记测试结果

在下面表10–1中的方框内勾选出与你的答案相符合的一项。例如，如果问题1你选择的是a，则在方框内画钩，如果你选择b，则不用画钩。然后将每一纵栏中的画钩数相加。例如，在纵栏1中，方框内的画钩数相加表示的是你在“行动能力”这一项中能够得到的分数（10分满分）。

表 10–1　性格影响因素测试统计表

行动能力	参与能力	组织能力	智力能力	领悟能力	总计
1. a	2. a	3. a	4. a	5. a	
6. a	7. a	8. a	9. a	10. a	
11. a	12. a	13. a	14. a	15. a	
16. a	17. a	18. a	19. a	20. a	
21. a	22. a	23. a	24. a	25. a	
26. b	27. b	28. b	29. b	30. b	
31. b	32. b	33. b	34. b	35. b	
36. b	37. b	38. b	39. b	40. b	
41. b	42. b	43. b	44. b	45. b	
46. b	47. b	48. b	49. b	50. b	

现在你得到了5种性格影响因素的测试结果，然后你可以在下面的表10–2中每一个影响因素的那一栏勾画或圈出所得分数。

表 10–2　性格构成因素

行动能力	深思熟虑型	0 1 2 3 4～5 6 7 8 9 10	随性型
参与能力	独立型	0 1 2 3 4～5 6 7 8 9 10	社交型
组织能力	广泛型	0 1 2 3 4～5 6 7 8 9 10	细致型
智力能力	逻辑型	0 1 2 3 4～5 6 7 8 9 10	直觉型
领悟能力	敏感型	0 1 2 3 4～5 6 7 8 9 10	坚韧型

5种性格因素描述

书中所列举的词语可能会很好地描述你的情况，但各项中都会存在书中没有列出的一些词语，它们能够更好地描述你。你自己的行为和他人对你的评价可以让你认清自己在每一栏中的位置以及各个因素对你来说意味着什么。

1.行动能力：你怎样对待困难

深思熟虑型（0～4分）

有思想、谨慎、自我怀疑、焦虑、慎重思考、内省

随性型（6～10分）

冲动、无拘无束、急躁、冲动、鲁莽、轻率

2.参与能力：你怎样对待他人

独立型（0～4分）

自力更生、自给自足、无障碍、独立、有把握、无关联

社交型（6～10分）

受欢迎、合群、知名、熟悉、友善

3.组织能力：你怎样处理任务

广泛型（0～4分）

适应力强、易变、不稳定、波动、多才多艺、多变

细致型（6～10分）

精确、严格、明确、挑剔、一丝不苟、严谨

4.智力能力：你思考问题的方式

逻辑型（0～4分）

推理、客观、理性、重事实、善分析、平静

直觉型（6～10分）

感觉、本能、洞察力、抽象、移情、多愁善感

5.领悟能力：你用以达到目的的方法

敏感型（0～4分）

细腻、情绪化、易接受、理解、易受影响

坚韧型（6～10分）

强大、不敏感、勇敢、厚脸皮、冷漠、坚定

两种影响因素结合起来的效果

每种影响因素都可以与其他的因素结合在一起。得分的高低反映出你的偏好情况。若一种或两种因素得分都在平均水平（5分）或接近于平均水平（如4分或6分），那么你便可以接受影响因素中任何一种非极端情况。

观察下列几组分数情况，看看你自己的得分分布在哪一个分数段。我们会给出4种与你最为贴近的情况，请将它们与你自己的生活实际相结合。

1. 对待困难和与人相处

a. 行动能力 6～10，参与能力 6～10

当你可以随性且积极参与到某事当中时，你会感受到最大的动力，同时做事也最为有效。当你需要深度思考或独自完成任务时，你

会觉得索然无味。

b. 行动能力0～4，参与能力6～10

当你可以深度思考且积极参与到某事当中时，你会感受到最大的动力，同时做事也最为有效。当你需要随性且独立解决问题时，你会觉得索然无味。

c. 行动能力6～10，参与能力0～4

当你可以随性且独立解决问题时，你会感受到最大的动力，同时做事也最为有效。当你需要深度思考并积极参与到某事中时，你会觉得索然无味。

d. 行动能力0～4，参与能力6～10

当你可以深度思考且独立解决问题时，你会感受到最大的动力，同时做事也最为有效。当你需要随性且积极参与某事时，你会觉得索然无味。

2. 对待困难和处理任务的方法

a. 行动能力6～10，组织能力6～10

当你可以随性且注重细节时，你会感受到最大的动力，同时做事也最为有效。当你需要深度思考且注重宏观层面时，你会觉得索然无味。

b. 行动能力0～4，组织能力6～10

当你可以深度思考且注重细节时，你会感受到最大的动力，同时做事也最为有效。当你需要随性且注重宏观层面时，你会觉得索然无味。

c. 行动能力6～10，组织能力0～4

当你可以随性且注重宏观层面时，你会感受到最大的动力，同时做事也最为有效。当你需要深度思考且注重细节时，你会觉得索然无味。

d.行动能力0～4，组织能力0～4

当你可以深度思考且注重宏观层面时，你会感受到最大的动力，同时做事也最为有效。当你需要随性且注重细节时，你会觉得索然无味。

3.对待困难和思考问题方式

a.行动能力6～10，智力能力6～10

当你可以随性且依靠直觉时，你会感受到最大的动力，同时做事也最为有效。当你需要深度思考且依靠逻辑时，你会觉得索然无味。

b.行动能力0～4，智力能力6～10

当你可以深度思考且依靠直觉时，你会感受到最大的动力，同时做事也最为有效。当你需要随性且依靠逻辑时，你会觉得索然无味。

c.行动能力6～10，智力能力0～4

当你可以随性且依靠逻辑时，你会感受到最大的动力，同时做事也会最为有效。当你需要深度思考且依靠直觉时，你会觉得索然无味。

d.行动能力0～4，智力能力0～4

当你可以深度思考且依靠逻辑时，你会感受到最大的动力，同时做事也会最为有效。当你需要随性并依靠直觉时，你会觉得索然无味。

4. 对待困难和达到目的的方法

a. 行动能力6～10，领悟能力6～10

当你需要随性且内心坚韧时，你会感受到最大的动力，同时做事也最为有效。当你需要深度思考且内心敏感时，你会觉得索然无味。

b. 行动能力0～4，领悟能力6～10

当你需要深度思考且内心坚韧时，你会感受到最大的动力，同时做事也会最为有效。当你需要随性并且内心敏感时，你会觉得索然无味。

c. 行动能力6～10，领悟能力0～4

当你处在需要随性且内心敏感的环境中时，你会感受到最大的动力，同时做事也会最为有效。当你需要深度思考且内心坚韧时，你会觉得索然无味。

d. 行动能力0～4，领悟能力0～4

当你需要深度思考且内心敏感时，你会感受到最大的动力，同时做事也最为有效。当你需要随性且内心坚韧时，你会觉得索然无味。

5. 与人相处和处理任务的方法

a. 参与能力6～10，组织能力6～10

当你需要参与感强且注重细节时，你会感受到最大的动力，同时做事也最为有效。当你需要独立思考且注重宏观层面时，你会觉得索然无味。

b. 参与能力 6～10，组织能力 0～4

当你需要参与感强且注重宏观层面时，你会感受到最大的动力，同时做事也最为有效。当你需要独立思考且注重细节时，你会觉得索然无味。

c. 参与能力 0～4，组织能力 6～10

当你需要独立思考且注重细节时，你会感受到最大的动力，同时做事也最为有效。当你需要参与感强且注重宏观层面时，你会觉得索然无味。

d. 参与能力 0～4，组织能力 0～4

当你需要独立思考且注重宏观层面时，你会感受到最大的动力，同时做事也最为有效。当你需要参与感强且注重细节时，你会觉得索然无味。

6. 与人相处和思考问题的方式

a. 参与能力 6～10，智力能力 6～10

当你需要参与感强且依靠直觉时，你会感受到最大的动力，同时做事也最为有效。当你需要独立思考且依靠逻辑时，你会觉得索然无味。

b. 参与能力 6～10，智力能力 0～4

当你需要参与感强且依靠逻辑时，你会感受到最大的动力，同时做事也最为有效。当你需要独立思考且依靠直觉时，你会觉得索然无味。

c. 参与能力 0～4，智力能力 6～10

当你需要独立思考且依靠直觉时，你会感受到最大的动力，同时做事也最为有效。当你需要参与感强且依靠逻辑时，你会觉得索然无味。

d. 参与能力0～4，智力能力0～4

当你需要独立思考且依靠逻辑时，你会感受到最大的动力，同时做事也最为有效。当你需要参与感强且依靠直觉时，你会觉得索然无味。

7. 与人相处和达到目的的方式

a. 参与能力6～10，领悟能力6～10

当你需要参与感强且内心坚韧时，你会感受到最大的动力，同时做事也最为有效。当你需要独立思考且内心敏感时，你会觉得索然无味。

b. 参与能力6～10，领悟能力0～4

当你需要参与感强且内心敏感时，你会感受到最大的动力，同时做事也最为有效。当你需要独立思考且内心坚韧时，你会觉得索然无味。

c. 参与能力0～4，领悟能力6～10

当你需要独立思考且内心坚韧时，你会感受到最大的动力，同时做事也最为有效。当你需要参与感强且内心敏感时，你会觉得索然无味。

d. 参与能力0～4，领悟能力0～4

当你需要独立思考且内心敏感时，你会感受到最大的动力，同时做事也最为有效。当你需要参与感强且内心坚韧时，你会觉得索然无味。

8. 处理任务的方法和思考问题的方式

a. 组织能力 6 ~ 10，智力能力 6 ~ 10

当你需要注重细节且依靠直觉时，你会感受到最大的动力，同时做事也最为有效。当你需要注重宏观层面且依靠逻辑时，你会觉得索然无味。

b. 组织能力 6 ~ 10，智力能力 0 ~ 4

当你需要注重细节且依靠逻辑时，你会感受到最大的动力，同时做事也最为有效。当你需要注重宏观层面且依靠直觉时，你会觉得索然无味。

c. 组织能力 0 ~ 4，智力能力 6 ~ 10

当你需要注重宏观层面且依靠直觉时，你会感受到最大的动力，同时做事也最为有效。当你需要注重细节且依靠逻辑时，你会觉得索然无味。

d. 组织能力 0 ~ 4，智力能力 0 ~ 4

当你需要注重宏观层面且依靠逻辑时，你会感受到最大的动力，同时做事也会最为有效。当你需要注重细节并且依靠直觉时，你会觉得索然无味。

9. 处理任务的方法和达到目的的方法

a. 组织能力 6 ~ 10，领悟能力 6 ~ 10

当你需要注重细节且内心坚韧时，你会感受到最大的动力，同时做事也会最为有效。当你需要注重宏观层面且内心敏感时，你会觉得索然无味。

b. 组织能力 6 ~ 10，领悟能力 0 ~ 4

当你需要注重细节且内心敏感时，你会感受到最大的动力，同时做事也最为有效。当你需要注重宏观层面且内心坚韧时，你会觉得索然无味。

c. 组织能力 0 ~ 4，领悟能力 6 ~ 10

当你需要注重宏观层面且内心坚韧时，你会感受到最大的动力，同时做事也最为有效。当你需要注重细节且内心敏感时，你会觉得索然无味。

d. 组织能力 0 ~ 4，领悟能力 0 ~ 4

当你需要注重宏观层面且内心敏感时，你会感受到最大的动力，同时做事也最为有效。当你需要注重细节且内心坚韧时，你会觉得索然无味。

10. 思考问题的方式和达到目的的方式：

a. 智力能力 6 ~ 10，领悟能力 6 ~ 10

当你需要依靠直觉且内心坚韧时，你会感受到最大的动力，同时做事也最为有效。当你需要依靠逻辑且内心敏感时，你会觉得索然无味。

b. 智力能力 6 ~ 10，领悟能力 0 ~ 4

当你需要依靠直觉且内心敏感时，你会感受到最大的动力，同时做事也最为有效。当你需要依靠逻辑且内心坚韧时，你会觉得索然无味。

c. 智力能力 0 ~ 4，领悟能力 6 ~ 10

当你需要依靠逻辑且内心坚韧时，你会感受到最大的动力，同时做事也最为有效。当你需要依靠直觉且内心敏感时，你会觉得索然无味。

d. 智力能力0～4，领悟能力0～4

当你需要依靠逻辑且内心敏感时，你会感受到最大的动力，同时做事也最为有效。当你需要依靠直觉且内心坚韧时，你会觉得索然无味。

关于如何解释性格能力的一些建议

性格能力分析非常复杂，因为：

a. 得分和描述都不是评判性的。它们不分“优于”、“劣于”、“好”或“不好”。它们只是描述性词语，用以告诉我们在何种情况下性格能力可以发挥最大的作用。

b. 与智力或能力测试不同，由于你的测试分数拥有不同的定性价值，并且其含义对你来说是独一无二的，所以你不能将其与他人的分数对比。

c. 虽然你可能会以某种特定的行为方式生活，但在某些情况下，你也可能做出完全相反的行为。

d. 即使对于你来说，某个因素比其他因素更为重要，但这一因素与其他一个或全部因素结合起来形成的条件可能更为重要。

e. 如果你认为这项分析并不能完全体现你的自我认知，也不要轻易拒绝它，而是将它当作进一步探索自己的基础。你可以问问自己，这些分析中的正确部分是否比你想象的要多，或者某些分析是否适用于特定的一些情况，对另一些情况则不那么合适。

f. 虽然分数的高低表示行为的差异，但5分或接近5分的中等分数则表示你的性格，或者更进一步说，你的行为可能倾向于或包括两种行为方式，但又没有那么极端。例如，你能够忍受或适应某些性格极端的人天生所不能适应的情况。

g. 对待结果保持开放的心态，利用测试结果来改变你原本看待自己或他人行为的方法。你可以问自己一些有价值的问题，如："这一结果在何种情况下才可能发生？如果这一结果只在部分情况下是正确的，那么我能从中学到什么？"

h. 询问他人如何利用某些情况来判断一个结果是真实或不真实的。如果他们可以用真实的事件或情景作为例子向你解释的话，这便非常有益。当你思考他们的认知是否和你自己的认知一样，或思考他们如何形成这样的认知时，你会深受启发。

i. 如果另一个人也完成了这项测试，不论是他对你的认知还是他的自我认知，都会给予你很大的帮助。你可以对比你们结果的相同之处，或找出不同认知出现的原因。

j. 就你和他人之间的关系以及你们之间如何一起工作而言，谈论一下双方行为的共性和差异，以便了解这些行为对于你们双方有何种意义。

性格对比表

在下表中画出或圈出任何对你来说重要的不同之处或可供对比的地方。如果你将自己的得分和他人的得分放在一起对比讨论的话，对你会非常有帮助。

A. 我希望今后自己变成什么样？

（可能你希望自己不要变。但如果想要改变的话，你会为此做出什么努力？）

B. 我目前所处的情况在未来会发展成什么？

（你怎样确定自己是正确的？）

C. 我怎样看待别人？

（姓名……）

D. 别人怎样看待我？

（姓名……）

行动能力	深思熟虑型	0 1 2 3 4 ~ 5 6 7 8 9 10	随性型
参与能力	独立型	0 1 2 3 4 ~ 5 6 7 8 9 10	社交型
组织能力	广泛型	0 1 2 3 4 ~ 5 6 7 8 9 10	细致型
智力能力	逻辑型	0 1 2 3 4 ~ 5 6 7 8 9 10	直觉型
领悟能力	敏感型	0 1 2 3 4 ~ 5 6 7 8 9 10	坚韧型

你可以从自身或他人的反馈出发，将一些重点记录在下面：

____

____

____

将5种性格能力结合起来

在你所做的任何事中（在工作中，在家庭里，在社会上或在你人生中的任何一方面），这5种因素会如何互相产生影响，进而影响你的生活呢？根据你所处的不同环境，这5种因素的比重和影响也会发生改变。下列普遍适用的解释可以指导并帮助你思考或改变你的行为，或改变一些让你觉得自己无法充分调动积极性的环境。

从下列形容性格因素的词语中找出和你最为贴近的一组：

1.随性型、社交型、细致型、直觉型、坚韧型

拥有这些性格特征的你可以成为一个很好的活动负责人，尤其是在创新型环境中。你有很强的目标性，可以很好地把握形势，对目标具有远见卓识，你的社交技能和热情的性格等都可以帮助你在其他人已经放弃的领域做出成就。你有决心、掌控力强，你的坚韧和活力可以促使你成功。人们喜欢和你共事，因为他们发现你可以鼓舞人心并且要求很高，虽然他们可能会发现你有些不近人情，把重点仅仅放在工作中。你很随性，你会非常喜欢接受新的挑战或解决复杂而困难的问题。

2.深思熟虑型、社交型、细致型、直觉型、坚韧型

你可以成为一个很好的策略家，尤其是当你处在一种创新的氛围中时。你可以深入且认真地考虑问题，思考包括行动目标和行动人群在内的整体形势结果。你可以对人们做出积极的回应，赢得他们的支持，与他们共同讨论问题，向他们解释可能需要做出的艰难决定，当然，你自己一定不会退缩。事实上，你通常对他人很友好，也会对自己想做成的事非常苛刻。面对压力，你能够花时间对其进行思考，避免过于迅速地做出行动。

3.随性型、社交型、细致型、直觉型、敏感型

你的人际交往能力与你热情、开放和信守承诺的品格有助于你成为一个优秀的队长，尤其是当你处在一种创新型的环境中时。在这

种环境下，人们技能的高低对工作的完成度至关重要。你能够有效地建构起某种激励他人的事物，并且让他们共同参与进来一起完成任务。你可以把握机会，但同时也能够注意细节，一直保持与每一个参与个体的沟通。当你处于非常随性的环境时，你的节奏会变得很快。

4. 深思熟虑型、社交型、细致型、直觉型、敏感型

你拥有敏锐的洞察力，非常体贴，社交能力也很强。这些可以使你成为一个好的向导或者顾问。你能够把握机会，向着目标谨慎前行。同时你会谨记：某些事情可能对你周围人产生影响。你可能不喜欢扮演一种很粗鲁且毫不考虑他人的角色，因为这会与你的价值观和你与人平等相处的理念相悖。一般来说，你喜欢在合作中鼓励他人。

5. 随性型、社交型、细致型、逻辑型、坚韧型

拥有这些性格的你非常有说服力，甚至很强势。这种性格特征通常出现在制作人或主管领导身上。你身上拥有的不惜一切代价完成任务的决心可以激励他人，让他们对你快节奏和实际的、具体的方法做出相应的反应。你的社交能力很强，但也会同生意人一样，积极进取。你准备充分，能力很强，通常会直截了当地专注结果。在那种需要微妙地处理由于自己的自信导致情绪问题出现的情境中，你会表现得有些不耐烦。所以你适合与那些同样适应快速达成目标的人共同工作。

6. 深思熟虑型、社交型、细致型、逻辑型、坚韧型

你的谨慎和实事求是的态度加上你能够很好地与他人产生联系

的能力，让你能够与他人建立有效且坚实的关系并且可承担任务。他人知道他们可以依靠你的能力，因为你可以仔细权衡并解决问题。你不太可能冒险，这一点着实令人安心。同时，你处理问题的方法有些固执，这样有利于解决事实性的问题，但不利于处理与人的情感相关的问题。你喜欢被约束的感觉，因此当工作需要你非常活跃或比较冲动时你会不舒服。

7.随性型、社交型、细致型、逻辑型、敏感型

强大的社交技能和管理能力可以帮助你成为一个谈判官或仲裁员。你喜欢把控主动权，管理周遭环境，发掘他人的才能。你可以随时参与并且了解正在发生的事情。你非常渴望成功，并且对如何克服和解决问题有着清晰且真实的判断。虽然你很敏感，但你的目标也很明确，致力于提出实际的解决方案。你的自信和做事风格使你能够胜任那些要求很高并且内容广泛的工作。

8.深思熟虑型、社交型、细致型、逻辑型、敏感型

你对他人抱有相当大的同情心，但同时专注于自己所做的事情，并且在这个领域拥有丰富的知识。这些品质相结合可以帮助你成为一个调解人或团队成员。虽然你的工作能力可能让人印象深刻，但人们不太能感受到你的震慑力量，而更愿意将你看作一个有能力同他们一起克服困难的同事。对你而言，自己和他人的待遇符合自己的价值观是非常重要的。你会喜欢参与一些技术性的工作，但同样乐于参与文化或社会层面的工作。

9. 随性型、社交型、广泛型、直觉型、坚韧型

在思想和履行承诺都非常重要的开放式环境中，你把握主动权的意愿和信心可以使你成为一个很好的说客。你不一定很强势，尽管有时你在决心实现目标的行为方式中会显得有些无情。你不会被艰难的抉择吓倒，而且对于别人看作压力的事情你也不会过于担心。你更喜欢别人处理细节的问题，而自己处理更为宏观的问题。你不太喜欢例行公事，而喜欢在一种需要快速思考和行动的创造性的环境中工作。

10. 深思熟虑型、社交型、广泛型、直觉型、坚韧型

你善于与他人沟通和思考，且随时会在没有时间做出详尽的分析或咨询他人的情况下迅速做出决定。因此，你的性格特征使你能够有效运用你的知识和天赋。虽然你很容易与他人混熟，但你希望他们的问题不会阻碍你达成自我的成就。这样，在社会层面中你的人际关系不会与你的工作性质产生冲突。你可能更喜欢与他人合作，但会给自己定一个范围，你在自己的专业领域很大程度上会按照自己的方式做出决定。

11. 随性型、社交型、广泛型、直觉型、敏感型

你对很多事都很有信心，能够很好地感知和参与这些事。在很多层面这意味着你对思想和改变持开放的态度。你可能有很大的自信心，对他人有很强的影响力，他们会积极回应你，并且发现你很容易相处且很擅长激励人心。随着时间的推移，你会与很多人产生有价值的联系，这些联系会非常持久。当你处在一种需要可以敏锐

地洞察他人情感并且极具创造性的环境中时，你的能力会得到最大的发挥。

12. 深思熟虑型、社交型、广泛型、直觉型、敏感型

你在同他人打交道和在对思想进行深入探究时所展示的理解能力甚至是同理心使你成为一个理想主义者。你能够看到问题的很多方面，尤其是这个问题对于人们的影响。人们的文化价值观对你来说很重要，但你有一些指导自己生活以及确定他人应该被如何对待的原则。虽然对于那些乐于听从你的建议的人来说，你会给他们带来启发，但是你可能会经历不确定性，因此你会试图去解决问题，做出调整或获得经验，以此来与自己所追求的生活品质保持一致。

13. 随性型、社交型、广泛型、逻辑型、坚韧型

你对社交能力的自信与实际的、头脑冷静的风格相结合可以让你成为一个成功人士。你喜欢以自由的方式处理一些事情，并且他人会认为你有能力成功完成某项任务。事实上，你不会等别人张口要求，而是会自觉努力地去做事。你喜欢迅速解决问题并达成目标，所以当你在解决“细节型”问题时会有些不耐烦。对于那些与你意见不同的人来说，你对某事的坚持可能会显得有些固执且轻视对方。你善于交际并不代表你依赖别人。

14. 深思熟虑型、社交型、广泛型、逻辑型、坚韧型

你对周围的人都有着清晰的认识和关照，这表示你能够成为一个很好的决策者。通过你对事实的领悟能力，你表现出果断的品质，

并且不会过分关注细节或被情绪所羁绊。你很可能被别人认为是一个优秀且可靠的工作伙伴，因为你希望持续工作，并且与那些共事的人相处愉快。你会评估各种情况，最终依据事实而不是情感做出决定。

15. 随性型、社交型、广泛型、逻辑型、敏感型

你能够快速了解他人并且掌握问题的本质，所以你可能被视为一个超级能干的人。你是一个以人为本的人，因为你拥有与人沟通的技巧和共情能力。你可能已经充分了解到：如果你不想让别人觉得你过分期待他们的关注，那么你在处理人际关系上便需要圆滑一些且具有洞察力。你可能会过度热情或给自己过大压力。你可以迅速掌握问题的本质并且知道怎样处理它们，因此你承担了许多责任，特别是在与那些你认为有发展机会的人相处时。

16. 深思熟虑型、社交型、广泛型、逻辑型、敏感型

你勤于反思，非常客观，拥有洞察力。所有这些特点很可能使你成为一个好朋友或盟友。你在权衡问题的时候会考虑到别人的感受，并且你会给予自己真诚的意见和感受来帮助或告知他们一些事情。你有很大的善意，但也会很明智，不会在人们未准备好接受某种观点前强迫他们接受，也不会努力使自己看起来很聪明或为自己谋利。你有创造愉快、互助的氛围的潜质。人们一起生活和工作的方式对你来说通常和物质成就一样重要，甚至更为重要。

17. 随性型、独立型、细致型、直觉型、坚韧型

你有信心可以依靠自己的力量考虑清楚问题，并且目标性很强。

这会让你成为一个权威人士。你的行动迅速而敏锐，在一些必须迅速做出决定的情况下，这种方式颇为有效，但在一些其他人都参与的情况下，这种方式可能会让他们觉得你将他们排除在外。你可能学识渊博、很有规划，喜欢以自己的方式做事，有能力坚定地做出决定。你可能不太适合扮演这样一种角色，即需要有微妙的情感能力，例如共情能力或处事圆滑的能力。

18. 深思熟虑型、独立型、细致型、直觉型、坚韧型

你很细心，思考全面，你可以很好地平衡创造力和对细小要素的关注，这些因素结合起来可以使你独立做出判断。你可能很精明或被认为是一个专家。你不太可能依靠别人而是依靠自己的知识和经验形成一个观点。尽管你对不同观点的辩论持开放的态度，但在某些极端问题上会变得直接或固执。你最擅长处理的事情可能是脑力问题或物质问题，而这些问题并不涉及你的个人情感或社会问题。由于你对事实有一定的了解，你可以成为一个独立的商业顾问或其他领域的顾问。

19. 随性型、独立型、细致型、直觉型、敏感型

你有能力清楚地感知事物，你乐观而有远见卓识。这些都让你成为一个解决问题的达人。你通常很体贴，心思缜密。虽然你能够仔细考虑他人的感受，但你显然不太善于交际。人们想要让你加入他们的意愿通常比你自己想要参与的意愿要强烈很多，但当你选择加入他们时，你会给予他们支持并且很友好。有时你可能考虑问题过于深入或过于将事情放在心上，但你似乎能够运用理智、对他人的尊重以及

对自己所期待的事情的关注来解决你的疑虑。

20.深思熟虑型、独立型、细致型、直觉型、敏感型

总的来说，你是一个认真反省、思想严肃的人，但你仍然可以很好地了解情况。你对周遭发生的事情很警觉，但你可能过于怀疑自我并过于将批评或逆境放在心上。人们会信任你的真诚和衷心。你对事物有着深刻的感触，并且经常在头脑中反复思考各种情景、可能性和过往的事情。对你来说最重要的是与身边的人建立互相了解的关系，因为你不想处在这样一种环境下：人们彼此的关系并不是首要的。

21.随性型、独立型、细致型、逻辑型、坚韧型

你在知识和实践方面拥有天赋，在这些领域中，你对实现明确且客观的目标的热情使你成为一名强大的技术专家。你可以独立做事，拥有非常尖锐的思想，希望触及问题的核心。你可以提供的服务、技能或产品非常有用，因为这些往往可以衡量你的具体成就。你似乎最适合那种以任务为主或专业化程度高的工作，而不适合那些需要人际交流或情感共识的岗位。在后者这样的情况中，尽管你所做的任务或与志同道合的人打交道不会使你陷入人际关系问题，但你宁愿忽略情感的存在。当你专注于事实时，你会自力更生且足智多谋。

22.深思熟虑型、独立型、细致型、逻辑型、坚韧型

你很自立、客观、细心，并且一心想要做出正确的决定，所以你可以成为一个专家。你对技术性问题很在行，因为你非黑即白解决问题的方式独具价值。你似乎不太适合处理人与人之间的感情问题，不太能够理解和确定哪些是让人们感到不安的事情。你不适合扮演一个需要直觉或社交才能的角色，你偏好以自己的方式工作，以便将你的技能和经验应用到任务中——尽管这项任务可能是一个有着共同目标的团队任务中的一部分。

23. 随性型、独立型、细节型、逻辑型、敏感型

你会深入思考你所做的一切，无论是与他人合作还是做自己喜欢的事，所以人们通常认为你很有“洞察力”。虽然你不是很外向，但你的决心和信心使你成为一个成就者。你很可能从事技术教育工作，但你喜欢在那种可以运用你的技能的环境中工作。你会思考问题，关注这些问题对他人的影响，同时运用自己的判断力来达到理性的结果。你的行为很有秩序感和协调性。有时你缺乏想象力，但你可以用同情心和努力来弥补。

24. 深思熟虑型、独立型、细致型、逻辑型、敏感型

你很谨慎且思想深刻，所以通常被认为很乐于支持别人且能力很强。你能够容忍其他人的一些难处，但你可能会倾向于独自承受一些事情，因此别人更希望你可以健谈一些。你偏好在技术或事实性的领域内工作，这种环境更加专业化且有组织性。你不喜欢模糊不清或者未完成的事情，而当你能够创造出一个可以得到他人赏识的程序或能够衡量其价值的成就时，你会感觉得到了掌控权。人们会认为你非常有能力并且有很大的潜力，但你更喜欢安全的环境，所以在你准备好去做某件事之前，你可能并不喜欢催促自己，这样你会感受到不确

定性和暴露性。

25. 随性型、独立型、广泛型、直觉型、坚韧型

你在很多方面都非常自主——在思想、与人沟通和行动方面你可能极具创造力。你很少有时间去做别人想做的事情，除非他们能够对你的项目或你所热爱之事给予支持。你有很多兴趣和想法，并且乐于将其表达出来。别人会用有趣甚至是鼓舞人心这样的词语来评价你，而不认为你富有同情心或关心别人。你喜欢与那些乐于参与并创造事物的人一起工作。他们与你有着类似的愿景，而在人们看来这种愿景令人印象深刻并且非常有价值。

26. 深思熟虑型、独立型、广泛型、直觉型、坚韧型

你可以利用自己独特的优势（特别是想象力）来成为一个艺术家。你更喜欢指导别人，所以你喜欢以自己的方式工作。当你自主工作并做出重要决定的时候，你会觉得自己的工作质量是最好的。你处理事情可能有些一根筋甚至顽固，但你似乎不适合依据直觉做出判断。在一个团队中你可能更喜欢扮演一个专业性的角色，这样你的贡献就有了与专业知识相关的价值。

27. 随性型、独立型、广泛型、直觉型、敏感型

你对思想观念和人际关系都很有洞察力，加之你的自信心，你可以成为一个有洞察力的咨询顾问。你知识渊博、见多识广，对理论的应用问题比对概念性问题以及实际的人际关系类问题更感兴趣。你有能力理解问题的本质，并能够用一种令人放心的方式来沟通这些问

题。你可能会提出忠告和建议，而不是采取坚持或强硬的态度。在需要敏锐直觉的情况中，你的镇静和先见之明可以让你向他人提供有效的指导。

28. 深思熟虑型、独立型、广泛型、直觉型、敏感型

你天生善于思考，可能对很多与智力方面有关的事物感兴趣，你很自然地关心他人。所有这些都使你成为一个富有同情心的顾问。你更关心的是广泛的问题和事情的真相，而不是组织机构之类的小问题。如果没有新的挑战，或者当你发现他人的行为与你自己的文化或社会原则不符时，你会变得焦躁不安。你会充满同情地倾听他人，你的建议可能会得到重视，但你可能缺乏情感上的韧性，不想从事令人生厌的、有争议的工作。

29. 随性型、独立型、广泛型、逻辑型、坚韧型

你不需要得到很多人的支持，因为你运用以事实为依据的、头脑冷静的处事方法，这使你以任务为导向。你自己解决问题，设定自己的目标，然后付诸行动。你乐于向那些欣赏你性格优点的人提供指导；他人很可能认为你是一个有决心的人，你会主动去解决别人害怕的问题——别人认为这些问题太难对付或太敏感。别人可能会觉得你毫不关心他人甚至无情，但你可以通过解决事情的必要性来证明你的行为是正确的。然而，与周围的人进行更全面、更包容的交流可能会使你的工作更为有效。

30. 深思熟虑型、独立型、广泛型、逻辑型、坚韧型

你喜欢用自己的方式解决你控制范围内的事实性问题，所以你很擅长承担一项任务。就你的技能或做事方法而言，你对自己所做的事情和做事的方式坚持不懈，甚至有些顽固。这样一来，你就像一个手工艺者，在自己的领域里是行家，在不受监督的情况下独自施展技能。你不想与他人密切合作，除非你需要用他们的技能来补充自己的技能。通常，你不愿给别人做过多解释，或者可能不确定值不值得与他们打交道。

31. 随性型、独立型、广泛型、逻辑型、敏感型

你有自主的能力，也知道做出决定对其他人会产生什么样的影响，所以你有潜力成为一名经理。你不善于交际，但你的镇静和洞察力也能让你适应与他人合作的环境。如果没有别人的支持，你就不适合扮演一种强硬的角色。也许因为你内心很羞怯，你会乐于将他人视作一种资源，并经常从他们那里得到最好的东西，尽管有时你如果能直接面对冲突，可能会更有效率。你具有极强的推理能力，这使你非常强大，尽管你可能允许他人将思想强加于你；你会很快做出反应，但有时你会将别人的工作内容也包揽下来。

32. 深思熟虑型、独立型、广泛型、逻辑型、敏感型

你见多识广，拥有聪慧的好奇心，社会洞察力强，你是一个敏感的权威人士。你的学识渊博，但这与你平常展现出的安静风格形成对比。人们可能会期望你能更多地参与到人群中，或拥有更大的控制权，但是你更愿意在可以互助的群体性组织里工作。你可能缺乏自信或天生很谨慎，这会让你更喜欢在你所认识的人中承担一种自己熟悉的责任，你可以依靠他们，并在很大程度上分享你的价值。如果你处

在智力挑战水平较低的环境中，或者你发现自己身处一个与自己的文化或社会价值观格格不入的群体中时，你可能会变得有些不安。

测试和分析可能引发的问题

1. 我的行为动机在哪些方面适合我正在做或想要做的工作？

2. 我的性格与别人对我的看法的不同之处有何重大意义？

3. 与一个人或多个人讨论一下你们对彼此行为的看法有什么不同？

4. 我们与他人产生关系或合作的方式可能会有所不同，这些不同代表了什么？

5. 我是否想改变一些事情，让自己更有动力、更有效率？

6. 我是否解决了自我矛盾或与他人之间可能存在的任何冲突？

附 录
计算你的智商

智商（智力商数）量表是一种常见的量尺或尺度，可以将你的结果与任何其他个体或其他可参考的群体进行比较。大多数人都容易理解怎样使用智商或智商百分数，它可以建立一个适用于所有人的尺度并对你的表现进行衡量。

任何特定的考试分数本身都毫无意义，它必须与相关人群进行比较。一个群体可以指任何相关类别的人、动物或物体。例如，在医学上，我们可以通过比较一个新生儿和其他新生儿的体重来检验新生儿的发育情况。随着时间的推移，将会出现大量新生婴儿体重的数据，因此平均体重成为这一婴儿群体体重的准确代表。

人们获取的数据越多，就越有可能确定这些统计数据是否真实。由于难以对大量人群进行测试，统计学家和其他研究人员（包括市场研究人员）常常试图选取整个人群中的代表性群体，也可以针对特定人群，例如双胞胎、某个收入群体中的人或通过会计考试的人。对于大多数测试，我们将接受测试的人作为样本，这个样本指的是“人数”；同时，我们假设样本的大小和可变性是整个人群的真实代表，或者说是正态分布。

正态分布

如果可以用一个特定的变量来测试整个人群中的每个人，我们认为分数的分布会形成我们所谓的正态模式。我们认为任何样本或一组分数都是正态分布的一部分。

在正态分布曲线中，基线代表所讨论的变量。在通常情况下，人们将最小数字放在左侧，将最大数字放在右侧。曲线上的最高点表示平均值，在此基础上我们可以画一条从最高点到基线的垂直线。在平均值两侧的两条曲线是对称的，即成正态分布。使用正态分布可以将不同的集合数据放在相同的范围内进行比较。

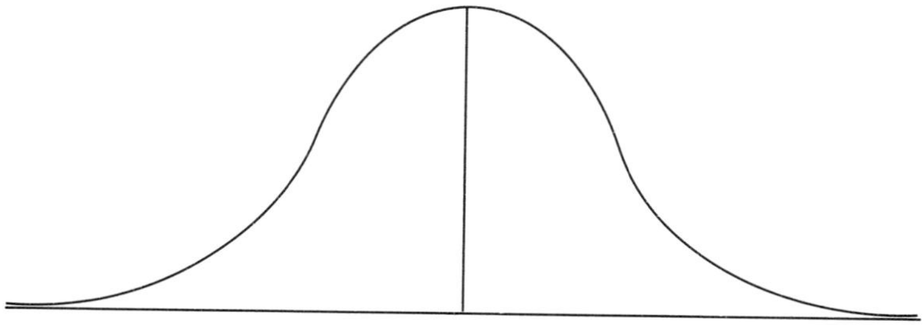

在本书中，我们尽量包含了能够尽可能反映正态分布曲线的测试。换句话说，越往后面测试就越难！在每项测试结束时，你可以将测试结果参考正态分布图进行比较。

比较你的智商分数

你的智商是一个数字，你可以用它与其他人的智商进行比较，还可以用它比较自己在不同测试中的表现。

本书不能非常精确地测量你的智商，因为它不具备正规的测试条件，也没有令人满意的样本可以将你的智力与其他人的智力进行对比。

那么，本书为什么可以提供智商值的参考呢？因为本书中的测试与其他智力测试非常相似，能够让人们全面地了解智力测试的过程。此外，本书中的测试结果可以让你迅速了解自己是否在朝着正确的学习方向或职业方向努力，让你可以充分发挥自己的潜能。

智商量表

大多数智商量表使用100作为平均值。在测试中，分数高于平均值的人通常会继续他们的学业，去进一步获取职业和技术资格认证。

能力较强的人通常能够进入大学学习或接受专业课程培训。这一群体大致是人群中智商较高的那10%，他们的平均智商为119。智商为125左右的顶级智商的人占总人数的5%。如果你的智商为135，你会进入前1%。

请记住，你自己的分数只能作为一个大概的参考。除非和你同龄、同性别、同背景的人相比较，不然你不会得到“真实”的智商分数。你可以估算本书表格中所呈现的你的智商分数，并问问自己是否正在朝着正确的目标前进。书中的每一项测试都可以测出你的智商，最适当的估算方式是将几项分数相加，然后除以你所做的测试的数目。

你可以通过附表1来测算你的智商。使用标准10分将你的分数填在对应的表格中。

附表 1　智商的测算方法

智商	100	105	110	115	120	125	130	135	140	145
抽象视觉										
1. 结构测试	1	2	3	4	5	6	7	8	9	10
2. 序列测试	1	2	3	4	5	6	7	8	9	10
3. 知觉测试	1	2	3	4	5	6	7	8	9	10
抽象数值										
4. 推理测试	1	2	3	4	5	6	7	8	9	10
5. 插值法测试	1	2	3	4	5	6	7	8	9	10
抽象语言										
6. 演绎推理测试	1	2	3	4	5	6	7	8	9	10
7. 分析测试	1	2	3	4	5	6	7	8	9	10
物理										
8. 动力学测试	1	2	3	4	5	6	7	8	9	10
9. 追溯测试	1	2	3	4	5	6	7	8	9	10
空间										
10. 形状测试	1	2	3	4	5	6	7	8	9	10
11. 3D 测试	1	2	3	4	5	6	7	8	9	10
实用数值										
12. 运算测试	1	2	3	4	5	6	7	8	9	10
13. 算法测试	1	2	3	4	5	6	7	8	9	10
14. 数字计算测试	1	2	3	4	5	6	7	8	9	10
15. 数字技能测试	1	2	3	4	5	6	7	8	9	10
16. 精确计算测试	1	2	3	4	5	6	7	8	9	10
系统										
17. 系统测试	1	2	3	4	5	6	7	8	9	10
18. 编码测试	1	2	3	4	5	6	7	8	9	10
实用语言										
19. 词汇用法测试	1	2	3	4	5	6	7	8	9	10

续表

20. 单词测试	1	2	3	4	5	6	7	8	9	10
21. 精准词汇测试	1	2	3	4	5	6	7	8	9	10
网上测试										
22. 核心智力测试	1	2	3	4	5	6	7	8	9	10

利用某项测试的分数来计算智商可能会产生偏差，因此你可以通过多次测试的结果来更加准确地测量智商，进而将智力在其他方面的表现也包含进去。

计算你的智商

请在括号中填写你所做的测试数量（见附图1）。

将（ ）个测试的标准10分相加＝

除以（ ）个测试＝

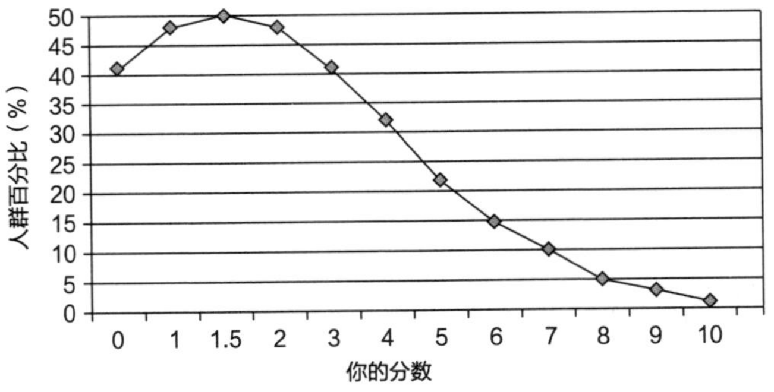

智商	95	98	100	102	105	110	115	118	120	125	130	135	140

附图1　分数和智商对照

例如，如果你的分数是7分，那么只有不到10%的人比你的分数高，而你便在“10%的顶级智商”人群之中，你的相应智商约为120。